Ludwig Adolf Wiese

Die Bildung des Willens

Ludwig Adolf Wiese

Die Bildung des Willens

ISBN/EAN: 9783845743042

Erscheinungsjahr: 2012

Erscheinungsort: Bremen, Deutschland

www.unikum-verlag.de | office@unikum-verlag.de

Ludwig Adolf Wiese

Die Bildung des Willens

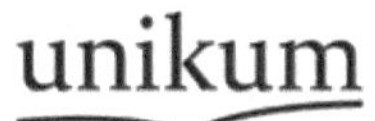

Die Bildung des Willens.

Von

D. L. Wiese.

Fünfte Auflage.

Berlin.
Verlag von Wiegandt & Grieben.
1891.

Die Beachtung, welche dieser vor 33 Jahren von mir gehaltene Vortrag zu meiner Freude noch immer findet, hat eine neue Auflage nöthig gemacht. Er ist darin im wesentlichen unverändert geblieben. Zwei in der vorigen, vierten Auflage als Einleitung vorangeschickte Briefe mögen demselben Zweck auch diesmal dienen. Außerdem ist eine der ersten öffentlichen Anzeigen des Vortrags, die weniger ein Referat als eine freie Besprechung seines Gegenstandes war, um ihres selbständigen Werthes willen ebenfalls aufs neue auszugsweise im Anhange mitgeteilt.

P. im October 1890.

W.

———

Verehrter Herr Doctor!

Cassel, 3. Dec. 1878.

Vor einigen Tagen kam mir Ihr Vortrag über „die Bildung des Willens“ zu Gesicht; ich griff begierig danach wie nach einem Rathgeber, nach dem man sich lange gesehnt hat. Vielleicht fand sich darin ein erlösendes Wort, das Schäden unserer Zeit zu heilen vermöchte, indem es den Einzelnen herausrettete aus der Unklarheit des Denkens und Wollens, und seinem Willen die rechte Stätigkeit und das rechte Ziel zu geben vermöchte.

Indeß gleich die Vorrede belehrte mich, daß es sich hier „lediglich um eine historische Betrachtung handele und nicht die Absicht sei, für die specielle Willenserziehung die richtigen Wege nachzuweisen und detaillirte Regeln dafür aufzustellen.“ So war es also doch wohl etwas anderes als was ich suchte und erwartete. Aber ich las den Vortrag durch und zwar nicht einmal sondern zwei mal; so sehr fesselte mich die Auffassung des Thema's und die teleologische Weltanschauung, die sich darin ausspricht.

Sie sagen: „das Evangelium ist Gottes Pädagogik am Menschengeschlecht, und da sich Gottes Gebote immer an den freien Willen des Menschen wenden, so ist die Bildung des Willens als der eigentliche Mittelpunct unserer Pädagogik anzusehen,“ und jedes Einzelnen Aufgabe sei, sich aus der Unruhe und Vielheit des eigenen Wollens zur Einheit mit sich selbst und mit dem Willen Gottes hindurchzukämpfen.

Aber wie schwer ist diese Aufgabe zu lösen, und bleibt sie nicht auch im besten Falle die unvollendete Arbeit unsers ganzen Lebens? Wie unerreichbar erscheint sie vollends für die jungen, unbefestigten Gemüther, vor denen noch das Leben und das eigene Herz unaufgeschlossen wie ein Räthsel liegt, und die noch nicht fähig sind, aus Ihrem Vortrage die Antwort herauszufinden, weil sie sich selbst und das Leben mit seinen Forderungen noch zu wenig kennen, die darum eines Halts und festen Ziels für den eigenen Willen bedürfen, auch wohl danach verlangen. Für Solche möchte ich bei Ihnen ein bittendes Wort einlegen, daß Sie ihnen, wie es doch eigentlich das Thema zu versprechen scheint, für die specielle Willenserziehung die rechten Wege weisen, da die Jugend zu Ihnen, dem Pädagogen, ein gewisses Recht zu dieser Bitte hat.

Bedarf es meinerseits einer Entschuldigung, daß ich mich so unverholen gegen den Autor selbst auszusprechen wage? Ich glaube nicht. Ihre Vorträge sind gehalten und gedruckt für die „Unbekannten und doch Gekannten;“ und wie wir dem Echo lauschen, weil es uns den Klang unserer eigenen Stimme zurückbringt, so ist dies auch nur ein Echo, das Ihnen Ihre eigenen Worte wiederbringt, und Sie freuen sich, wenn sie nicht leer zurückkommen, sondern gezündet haben, und gute Gedanken wecken in anderen Seelen, für Zeit und Ewigkeit.

In herzlicher Dankbarkeit

* * *

Verehrte Frau,

Ihr Brief vom 3. d. M. hat mir die Freude gemacht, die Jeder, der eine Schrift in die Oeffentlichkeit giebt, immer empfinden wird, wenn er sieht, daß sein Wort Beachtung findet und wohlwollende Gegenrede hervorruft. Meine Erwiederung soll jedenfalls ein

Zeichen meines Dankes sein; aber ich zweifle, daß sie Ihnen genügen wird; denn sie wird zugleich eine Entschuldigung oder Rechtfertigung sein, daß ich Ihren mir geäußerten Wunsch nicht erfüllen kann. Ich denke, ich verstehe ihn recht wenn ich annehme, daß Sie von dem Allgemeinen was ich gesagt, die Probe an den Besonderheiten des wirklichen Lebens gemacht wissen wollen, daß ich der rathlosen Jugend mehr zu Hülfe kommen soll, und z. B. eine der Aufgaben lösen helfe, welche eine Mutter vor sich sieht, wenn sie an ihren Kindern Willens-Schlaffheit oder Verkehrtheit wahrnimmt. Sie machen mir im Grunde den Vorwurf, daß meine Schrift nicht giebt was der Titel verspricht. Ich kann mich darüber nicht wundern. Ursprünglich ein Vortrag hat sie auch nach der Erweiterung der zweiten Auflage die Eigenschaften behalten, die von der ersten Beschränkung auf ein bestimmtes Zeitmaß unzertrennlich waren. Vorträge über derartige Gegenstände können nichts Erschöpfendes geben; sie erreichen meines Erachtens ihren Zweck, wenn sie dazu anregen, dem Gesagten weiter nachzudenken und es an den eigenen Ueberzeugungen und Lebenserfahrungen zu prüfen. Gleich anfangs verspreche ich nichts anderes als eine „historische Betrachtung"; vom ethischen Standpunct der Willensfrage aus wollte ich einen „Beitrag zur Geschichte der deutschen Pädagogik" geben. Ich verhehle mir nicht, daß die Aufnahme, welche die kleine Schrift seither gefunden hat, zum Teil dem Thema an sich selbst zu danken ist, dem auch über die Pädagogik hinaus immer ein allgemein menschliches Interesse entgegenkommen wird; aber ich weiß, und Sie bezeugen es mir aufs neue, daß auch das Dargebotene, so fragmentarisch es sowohl in der einleitenden Betrachtung wie in den historischen Mitteilungen ist, seinen Zweck nicht verfehlt hat.

Das was Sie vermissen irgendwie und wo nachzutragen hätte ich zwar eben jetzt Gelegenheit, da der

Verleger, mir unerwartet, eine neue Auflage des Vortrags zu veranstalten wünscht; aber ich kann mich nicht entschließen, dem Ganzen, das, so wie es ist, auch mit den Spuren der Zeit, in der es entstand, zu den ersten Hörern und Lesern neue Freunde gefunden hat, jetzt eine andere Gestalt zu geben. Auch scheue ich mich, den Boden des Allgemeinen zu verlassen, um nach der Richtung, in welche Sie mich weisen, Einzelheiten zu behandeln. Dies würde den ganzen Charakter des Vortrags ändern, und mit Nutzen doch auch immer nur dann geschehen können, wenn man die gegebenen Verhältnisse und die in Betracht kommenden Personen genau kennen gelernt hätte; denn jeder concrete Fall ist doch von einem andern, so ähnlich sie erscheinen mögen' durch persönliche und andere Umstände verschieden. Von abstracten Allgemeinheiten, die nicht in der Wirklichkeit des Lebens, in der menschlichen Natur und in den ewigen Gesetzen Gottes ihre Wurzeln haben, glaube ich meine Darstellung frei gehalten zu haben. Die wirksamste Pädagogik habe ich immer in den principiellen Wahrheiten gefunden, die, nach der Art der in jedem Boden fruchtbaren Samen, ebenso frei und umfassend wie im Speciellen anwendbar sind. Die göttliche Weisheit des Evangeliums zeigt uns diesen Weg; Augustins „Habe Liebe und thue was du willst“ ist Ausdruck derselben Freiheit und Zuversicht; und so könnte ich noch Andere nennen, die den sittlichen Lebensgang nicht durch ein Gepäck von Detailvorschriften erschwert, sondern durch den Hinweis auf feste Ziele und untrügliche Leitsterne klar und sicher gemacht haben.

Soviel über meine Schrift. Und nun gestatten Sie mir noch, wie gesprächsweise über einige Seiten des Gegenstandes eins und das andere zu bemerken, wozu mich der Inhalt Ihres Briefes gerade anregt und was mir nach den inzwischen gemachten Erfahrungen besonders wichtig geworden ist. Vielleicht komme ich dabei dem was Sie wünschen in einzelnen Puncten näher als im Vortrage selbst.

Es ist Ihnen gewiß bekannt, daß Gebot und Verbot sich Gehorsam erzwingen kann ohne an den Willen zu reichen. Aber daß dieser aufrichtig Ja dazu sage, darauf kommt es doch bei der Erziehung an. Wie ist das zu erreichen? Einfache Hausmittel sind es, die zuerst bei der Jugend am meisten wirken und helfen, d. h. die Mittel einer frühen guten häuslichen Gewöhnung. Innerhalb der Schranken einer festen Ordnung ihr freie Bewegung zu gestatten, das ist pädagogische Weisheit. Als solche legitimirt sie sich jedoch erst, wenn das eigene Beispiel und das Vorbild eines festen Willens hinzukommt. Kinder haben bald eine bestimmte Empfindung davon, ob Vater und Mutter selbst im Gehorsam eines höheren, des göttlichen, Willens leben, z. B. ob sie selbst, was eins der ersten Objecte für die Willensbildung sein muß, unter allen Umständen wahr und aufrichtig, ob sie beharrlich, ob sie opferfähig und opferwillig sind. Und wie in allem dem das Beispiel unmerklich und gleichartig wirkt, so auch die Wahrnehmung, ob der Wille, auf den das Kind zu achten hat, fest oder schwankend ist, ob befohlen oder gedroht wird mit sicherer Consequenz oder mit leeren Worten ohne Folge. Gute Aussaat solcher Art kann aber nur dann zu rechter Frucht in der Kindesseele gedeihen, wenn der Sonnenschein der Liebe darüber nicht fehlt. Die Wirkung der Gegenliebe wird selten ausbleiben, und damit im Jugendalter der sicherste Zugang zum Willen geöffnet sein. Der gepriesene Spruch „Ist Gehorsam im Gemüthe, wird nicht fern die Liebe sein" hat doch erst unter Voraussetzung dieser Gegenseitigkeit volle Wahrheit.

Die Theorie, die Erkenntnis des Guten und Wahren müsse dazu führen, daß es zum Zweck gesetzt werde, also den Willen bestimme, hat für die Erziehung einen sehr bedingten Werth. Denn wie ist es mit der menschlichen Natur? Können die aus der Erkenntnis herfließenden Motive schon bei der Jugend die sichersten und stärksten sein, weil sie vielleicht an sich die klarsten sind? Wie lange dauert es, bis sich das innere Leben aus der Abhängigkeit von sinnlichen Trieben und wechselnden Empfindungen zu dem Gleichmaß beruhigt, wo die Willenskraft beharrlich mit erprobten Mitteln klar bewußte Zwecke verfolgt; und welchen Kampf hat auch das reifere Lebensalter so oft noch zu bestehen, wenn es gilt Wissen und Wollen in Harmonie zu setzen! In der Jugend sind die persönlichen, aus der Unmittelbarkeit des Gemüthslebens kommenden Antriebe bei weitem die wirksamsten.

Mit solchen Fundamentalwahrheiten, wofür ich sie halte und in meinem Vortrage besprochen habe, kann man sich einverstanden erklären und doch die Erziehung des Willens nach wie vor im gegebenen Fall für ein psychologisches Problem ansehen. Wie geheimnisvoll ist die Natur der Menschenseele! was alles birgt sie verschlossen in sich, wie verwachsen ist sie mit den leiblichen Zuständen, und wie abhängig vom Temperament, von der Festigkeit oder Schwäche der Nerven u. s. w., und dennoch, wie so viele Beispiele zeigen, im Stande, durch erhöhete Willensenergie darüber Herr zu werden! Die Erregbarkeit und das Ineinandergreifen der Seelenkräfte bleibt unberechenbar, und auf den Namen einer Wissenschaft hat die Psychologie noch keinen Anspruch erworben.

Gleichwohl ist ihr Beistand der praktischen Pädagogik unentbehrlich, und diese vergilt ihn durch ihre reichen thatsächlichen Erfahrungen; hat sie es doch mit den verschiedenartigsten Aufgaben zu thun: mit scheinbar absoluter Willenlosigkeit, Willensschlaffheit, Unselbständigkeit, Leichtsinn, Laune, Empfindlichkeit, Eigensinn, Verstocktheit, Mangel an Ausdauer, Flüchtigkeit, Nachgiebigkeit gegen jede körperliche Hemmung, Verzagtheit. Wie wir nun den einen schlechten Arzt nennen würden, der bei der nächsten Erscheinung des Uebels stehen bleibt, ohne über das hervortretende Symptom hinweg nach den tiefer liegenden Ursachen im Organismus des Kranken zu forschen, ebenso wäre es eine pädagogische Kurzsichtigkeit, wollte man bei den genannten Fehlern nur den Willen an sich ins Auge fassen, und nicht vielmehr die ganze Individualität des Kindes und die Umgebungen, unter denen es lebt, in Betracht ziehen. Erst dadurch wird eine richtige Diagnose und ein Urtheil über die Anwendbarkeit von Heilmitteln möglich. Daraus ergiebt sich wohl die Nothwendigkeit einer aufmerksamen Beobachtung des Seelenlebens der Kinder und der Einflüsse, unter denen es steht. Sie sehen, ich warne vor einer directen Cur kürzesten Weges; auf diesem Gebiet führt ein Umweg oft am sichersten zum Ziel.

Die Erkenntnis, daß es sich beim Seelenleben nie um etwas Einfaches, sondern immer um eine Mehrheit von Ursachen und Wirkungen handelt, muß davor bewahren, in der Erziehung den Willen zu isoliren. Geschieht dies doch, so kommt dabei immer etwas Ungesundes heraus. Mir ist Jemand vorgekommen, der sich für einen Willensvirtuosen hielt. Schon in seiner Jugend hatte er bei der Reflexion, daß die linke Hand über der rechten ungebührlich vernachlässigt werde, sich vorgenommen, jener gleiche Ehre zu geben, und hatte es wirklich erreicht, sie bei allen Verrichtungen wie die rechte gebrauchen zu können; überhaupt hatte er seinen Körper nach und nach in ungewöhnlichem Grade in seine Gewalt gebracht. Er versicherte, außerdem sein Gedächtnis so geübt zu haben, daß es ihm nie den Dienst versage, und ebenso, nicht nur zudringende Gedanken auf der Stelle abweisen, sondern auch die regellos schweifende Phantasie zügeln, und selbst Träume abwehren zu können. Das alles war aber nichts als eine abgesonderte äußerliche Fertigkeit, die sein inneres Leben und seinen Charakter nicht berührte; er war mit sich und der Welt unzufrieden, und im Grunde ein unglücklicher Mensch. Seine Willensstärke war ganz egoistisch; er hatte nie daran gedacht, sie zum Wohl Anderer zu gebrauchen. Solche und ähnliche Verirrungen weisen auf etwas Doppeltes hin: darauf, daß für das Wachstum des guten Willens der rechte Boden, und daß höhere Zwecke ihm nicht fehlen dürfen. In der Jugend ist, wie ich vorher sagte, das Gefühl sein fruchtbarster Boden; aber es wird nur zu leicht und oft übersehen, daß auch das Gefühl einer Erziehung bedarf, und welches Unheil daraus entstehen kann, wenn man es wild wachsen läßt, also auch für das Vermögen der Selbstbeherrschung auf die vernünftigeren Jahre rechnet. Andererseits wie Willensäußerungen ohne Zwecke noch gar nicht den Namen des Willens verdienen, z. B. kindisches Zerstören, oder das Thun der Unglücklichen, deren Seeleneinheit zerrissen, verrückt, ist, ebenso erreicht der Wille des Menschen seine hohe Bestimmung nicht, wenn er sich nicht über das enge egoistische Interesse, über Eigennutz und Selbstgefälligkeit, zu edleren, idealen Zielen zu erheben vermag.

Eine Pädagogik, die in den bildsamsten Jahren der Jugend auf dem Grunde christlicher Lebens-Auffassung und Ordnung keine dieser beiden Seiten versäumt hat, kann, wenn auch nicht sorglos, doch ruhig den Gefahren entgegensehen, welche die Jahre der Entwickelung durch selbstsüchtige Neigungen, durch die Verlockungen eigener Sinnlichkeit und verführerischen Umgangs u. a. m., mit sich bringen. Es ist allemal eine Schuld der Erziehung anzunehmen, soweit dieser Name dann überhaupt paßt, wenn dagegen in den entscheidenden Jahren keinerlei Widerstandskraft vorhanden, oder wenn ein Jüngling schon den Eindruck eines Blasirten macht, und z. B. in Prima noch nicht eines Entschlusses fähig ist, worauf er die ihm verliehenen Kräfte mit ganzer Hingebung verwenden will.

Ein Grundgedanke meines Vortrags ist, daß nächst den engeren Kreisen des Familienlebens, der Freundschaft und anderer persönlicher Verbindungen die großen Gemeinschaften, an denen Jeder teilzunehmen hat, eine den Willen bestimmende Kraft haben. Es giebt Zeiten, durch die eine stärkende, den Willen spannende Luft weht. Wir haben eine solche im letzten Kriege gegen Frankreich erlebt. Der gemeinsame große Zweck wirkte ein Zusammenfassen aller Kräfte der Nation und erhob auch den Einzelnen über sich selbst. Woran liegt es, daß davon so wenig nachgeblieben, die Einmüthigkeit des deutschen Geistes sobald wieder verschwunden ist? Die Herstellung eines deutschen Reichs, für Viele die Verwirklichung eines schönen Jugendtraums, ist erreicht: warum werden wir dieses Segens nicht froh? woher der Druck der Unzufriedenheit über dem Volk? Ist es nicht oft, als ob die Wenigsten die Einheit gewollt, und man sie sich jetzt eben nur gefallen ließe? Und hängt damit nicht zusammen, daß wir von einer erhebenden und kräftigenden Rückwirkung der großen Ereignisse und der Neugestaltung Deutschlands auf den Einzelnen noch so wenig wahrnehmen?

Ein Blick auf Andere belehrt uns oft über uns selbst. Auch ein anderes Land hat fast um dieselbe Zeit die lang ersehnte nationale Einigung entstehen sehen, Italien. Wer den Charakter und die Geschichte des Volks kennt, wird darauf keine großen Hoffnungen bauen. Einer seiner größten Geister, Dante, hält ihm in seinem erhabenen Gedicht einen untrüglichen Spiegel vor. In sich selbst unerschütterlich willensstark, macht er darin die Erreichung des Ziels der Glückseligkeit für die Gesammtheit und den Einzelnen abhängig von einem festen in der Liebe Gottes wurzelnden Willen, der niedrigen Egoismus nicht aufkommen läßt. Aber er steht da wie ein Prediger in der Wüste. Das Unglück des hochbegabten Volks ist sittliche Kraftlosigkeit in Folge des Mangels an großen gemeinsamen, durch die Idee des Wahren und Guten geheiligten Strebenszielen. Wie anders wird in der englischen Nation der Einzelne durch den Geist des Ganzen gehoben und gerade auch zu einer persönlichen Willensdisciplin genöthigt. So viel wir auch gerade jetzt wieder an ihrer Politik auszusetzen haben, das erkennen wir bereitwillig an, daß sie edlen Gemeinsinn haben und üben, und die wahrhaft sittlichen Grundlagen des Volkslebens kennen und zu befestigen ernstlich bemüht sind.

O daß die germanische Stammesverwandtschaft mit ihnen sich nach dieser Seite bei uns geltend machen möchte! Aber die Kraft des Gemeinsamen scheint unter uns immer mehr durch das Ueberwuchern des Subjectivismus erstickt zu werden. Was verbindet uns noch innerlich? Gegen Ende meines Vortrages finden Sie dieselbe Klage durch einen Ton der Hoffnung gemildert, der Hoffnung auf ein Erstarken des christlichen Gemeinsinns in unserem Volk. Vor zwei und zwanzig Jahren konnte ich so sprechen; ich werde es stehen lassen, obgleich es auf die Gegenwart nicht mehr paßt. Dazwischen liegt die neuere Gesetzgebung, in der es bei dem an sich dankenswerthen Streben, unnöthige Beschränkungen aufzuheben, doch, namentlich für das Gebiet der Kirche und Schule, in Folge vorwiegend politischer Motive oft an Unbefangenheit des Blicks auf das Ganze und auf die tiefer liegenden Lebensbedingungen gefehlt, und die deshalb in wichtigen Beziehungen nicht sowohl befreiend als auflösend gewirkt hat. Es war ein verhängnisvoller Irrtum, in einer Zeit des übermächtigen und in seiner Willkür übermüthigen Subjectivismus die noch zusammenhaltenden Bande so wie es geschehen ist zu lösen, und sich dadurch auch das Regieren selbst unendlich zu erschweren. Dies ist aber u. a. mit dem durch nichts zu ersetzenden Bande christlicher und kirchlicher Gemeinsamkeit geschehen, seitdem es unter der Autorität der Regierung in das Belieben eines Jeden gestellt ist, ob er für seine Ehe die Trauung begehren, ob er seine Kinder will taufen und einsegnen lassen oder nicht. Es war nicht Staatsweisheit, auf solche Weise der Atomisirung im Volk Vorschub zu leisten.

Welch ein Geschlecht wächst auf in der Atmosphäre der jetzigen vermeintlichen Freiheit? Was geschieht noch für die Erziehung eines vernünftigen Willens in den unteren Ständen? Den Schulunterricht zu verbessern ist man aller Orten ernstlich bemüht, ja, und ohne Zweifel liegt im Unterricht selbst, vorausgesetzt daß er zweckmäßig ertheilt wird, eine erziehende Kraft; aber sie wird immer nur partiell wirksam, und für das innere Leben oft unfruchtbar sein, wenn sie nicht von einem höheren Erziehungsgedanken, dem Gedanken an die ewige Bestimmung des Menschen, regiert wird. Bei dem was die Bildung fördern soll, denkt man zu wenig an die Einheit des menschlichen Wesens; das Absehen ist zu einseitig auf Verstandesaufklärung und Kenntnisse gerichtet. Gewiß, der Religionsunterricht steht noch im Lehrplan; aber die vom Staat mehr und mehr durchgeführte Trennung der Schule von der Kirche wirkt neben anderen Ursachen, z. B. den vorerwähnten Gesetzen, unvermeidlich dahin, dem Volke die Religion überhaupt gleichgültig erscheinen zu lassen, und ihm damit den besten Schutz gegen die Versuchungen kräftiger Irrtümer zu nehmen. Wie sich das Volk die Schopenhauer-Hartmannsche Theorie vom Willen ins Praktische übersetzt, haben wir ja kennen gelernt. Ist alles Wollen Leiden, so ist auch die Arbeit ein Uebel, und ein rücksichtsloser Kampf gegen alles was dazu nöthigt, erscheint gerechtfertigt. — Es giebt keine Rettung gegen den Pessimismus und gegen die Trostlosigkeit eines Daseins, das sich mit der Lösung seiner Räthsel vergeblich quält, als den Glauben, daß unser Wollen einem Sollen entsprechen muß, worin Gottes ewige Vatergüte das Gesetz unsers Lebens eingeschlossen hat; und weil das Sollen, der vollkommene Wille über unserm unvollkommenen, diesen Ursprung hat, hat es zugleich eine befreiende und beseligende Kraft. Jeder erfährt sie, der den uns gewiesenen Weg des Heils zu gehen entschlossen ist. — —

Es ist merkwürdig, wie mit den aus der Erschlaffung des religiösen und sittlichen Lebens herrührende Ursachen zurückbleibender Willensbildung im Volk sich in unserer Zeit andere mehr äußerer Art verbinden. Ich rechne dahin, vielleicht zu Ihrer Verwunderung, den zunehmenden Gebrauch der Maschinen. Die Wohlthat mancher dieser Erfindungen ist nicht selten ein Gewinn mit Verlust. Die moralische Wirkung sorgfältiger Handarbeit ist es, die dabei oft verloren geht. Ich lenke in dieser Beziehung Ihren Blick noch einmal in die Schule. Frauen von Erfahrung und Urteil über die Art und die Früchte des weiblichen Elementarunterrichts haben beobachtet, daß unter den Schülerinnen bei Zunahme geistiger Fertigkeiten die praktische und sittliche Tüchtigkeit für die späteren Anforderungen des häuslichen Lebens entschieden abgenommen hat. Dieselben sind der Meinung, daß die Volkschule auf den Unterricht in weiblicher Handarbeit deshalb den größten Werth zu legen habe, weil sie ein anhaltendes aufmerksames Bemühen um Accuratesse und Sauberkeit erfordert, und dadurch eine vortreffliche Willensübung wird, während für die geistigen Unterrichtsgegenstände bei einem leidlich offenen Kopf aus dem Stoff selbst immer neue Anregung für die Phantasie, den Wetteifer und selbst für die Eitelkeit erwächst. Man findet nicht selten, daß unordentliche, leichtfertige Schülerinnen, die, weil sie zur Handarbeit keine Geduld und Ausdauer haben, auch mit der Nähmaschine keine gute Arbeit zu Stande bringen, Gedichte ganz geschickt vorzutragen, und auch religiöse Fragen gut zu beantworten wissen. Solchen bleibt, ist die Schulzeit vorbei, von derselben oft nicht viel mehr zurück, als Mundfertigkeit und Dünkel.

Die modernen „höheren Töchterschulen“ leiden größtenteils in Folge der Nachahmung des Lehrplans der Knabenschulen unter einer Ueberschätzung des sogenannten wissenschaftlichen Unterrichts. Was haben die armen Mädchen da alles neben einander zu lernen und zu arbeiten! Es ist dessen so viel, daß in dem der Schonung bedürftigsten Alter die Kraft zersplittert, der Sinn zerstreut wird, und ihr geistiges Leben zu der innern Sammlung und Stille nicht kommen kann, deren gerade die weibliche Natur bedarf, um in sich für Charakter und Willensrichtung sichern Boden zu gewinnen. Also auch da der einseitige Intellectualismus, den man allgemein mehr und mehr in den Schulen hat zur Herrschaft kommen lassen. Die neuere Philosophie und was sich so nennt begünstigt ihn, in weiter Abkehr von dem alten Kant, dem das Grundproblem aller Ethik und Pädagogik ein wahrhaft guter Wille war. Und das wird er wohl bleiben zu der Menschen Wohlfahrt und Gottes Ehre, wie schon die alte lateinische Uebersetzung der frohen Engelbotschaft die Gloria in excelsis Deo verbindet mit dem Frieden, der beschieden ist **hominibus bonae voluntatis.**

Doch genug. Ich habe fortgeschrieben, und erschrecke, daß aus dem Briefe beinahe eine Abhandlung geworden ist. Neben meinem eigenen Interesse an der Sache hat mich zugleich der Gedanke an Ihre Teilnahme für dieselbe festgehalten. Vielleicht finden Sie durch einige meiner Bemerkungen den Vortrag hin und wieder so ergänzt, daß Sie nnn den allgemeinen Sätzen desselben auch einen praktischen Werth zugestehen. Deshalb für die Länge meines Briefes auf Ihre Nachsicht hoffend,

in dankbarer Ergebenheit

Potsdam 9. Dcb. 1878.

L. Wiese.

Hochgeehrte Versammlung.

Der für den heutigen Abend bestimmte Vortrag verspricht eine historische Betrachtung über die Bildung des Willens zu geben. Diese allgemeine Fassung des Thema's wird durch folgende Bemerkungen eine genauere Begrenzung erhalten.

Jede Zeit hat eine sittliche Grundstimmung, die vom Glauben, von überlieferter Sitte, von tief in das Leben einer Nation eingreifenden Ereignissen und anderen Einflüssen abhängig ist und danach wechselt. Der Einzelne findet sich auch in dieser Beziehung bei erwachendem Bewußtsein von Resultaten früherer Entwickelungen umgeben, die sittliche Strömung seiner Zeit dringt auch an ihn und in ihn ein, denn er ist ein Kind seiner Zeit: aber er steht nicht unter der Nothwendigkeit, sich willenlos von ihr dahintreiben zu lassen; er hat die Widerstandskraft, welche in der steten Bewegung unsers Lebens zwischen Selbsterhaltung und Hingebung, ihn davor zu schützen vermag, in seinem sittlichen Urteil und Streben unselbständig und nichts als ein Product seiner Zeit zu sein.

In Deutschland ist der Wechsel solcher ganze Zeiträume beherrschenden Richtungen des geistigen Lebens seit dem vorigen Jahrhundert sehr mannigfaltig gewesen. Es wird der Mühe werth sein, dies an einem Beispiel anschaulich zu machen. Ich darf dazu an ein in den letzten Jahren*) erschienenes Buch erinnern, das der Mehrzahl der Anwesenden ohne Zweifel bekannt geworden ist, an die Biographie des Buchhändlers Friedrich Perthes. Außer anderem Interesse, welches sie gewährt, ist sie besonders wichtig als ein Beitrag zur Geschichte der sittlichen Ideen, welche im deutschen Volk von der zweiten Hälfte des vorigen Jahrhunderts an nach einander wirksam gewesen sind. —

Wir sehen in dieser Lebensbeschreibung Perthes aus einfachen Familienverhältnissen hervorgehen, in strenger Gewöhnung an Ordnung, Arbeit und Entbehrung. Die sittliche Atmosphäre, in der er aufwuchs, war erfüllt von der in der Kantischen Philosophie gegründeten Gesetzlichkeit der Pflicht und des Rechtthums, wozu die Frömmigkeit des Sinnes sich auch nur als eine Folge verhielt, da sie keinen selbständigen und höheren Ursprung hatte. Der Rationalismus der Zeit setzte die

*) Der Vortrag ist am 9. Febr. 1857 im Evang. Vereinshause zu Berlin gehalten worden.

Religion in die Tugend; eine regelrechte Verständigkeit ordnete den Gang des Lebens, und es war dem jungen Perthes ein rechter Ernst mit seinem Streben nach sittlicher Vollkommenheit, mit seiner Selbstbeobachtung und Selbstbeherrschung. Aber er wurde seines Lebens dabei nicht froh; die Sorge, den für recht erkannten moralischen Vorschriften gemäß zu leben, wurde zu einer täglich neuen Plage, und ließ seinen Willen nicht zur Freiheit gelangen: der Widerstreit seines Herzens gegen die Pflicht wurde bald Trotz, bald Verzagtheit; er sehnte sich nach einem Leben aus dem Vollen und Ganzen, und, ihm selber noch ein Geheimnis, nach der Freiheit der Kinder Gottes.

Da wurde er mit Schillers Poesie bekannt; ihre idealische Richtung ergriff ihn, er sah sich wie aus einer Knechtschaft gerettet an. Mit Widerwillen wandte er sich nun von den vereinzelten Vorschriften der Verstandesmoral ab, und nur „durch das Morgenthor des Schönen" glaubte er fortan zum Guten, und wie zur Erkenntnis, so zur Sittlichkeit hindurchdringen zu können. Die ästhetische Bildung sollte ihm die Grundlage der ethischen werden. Das Gefühl, dem zu folgen ihm vorher verächtlich gedünkt, hielt er nun der sorgfältigsten Pflege werth, daß es wahr und rein bleibe, und lebhaft auf den Willen einzuwirken vermöge. Aber Friede mit Gott, Freudigkeit und

Festigkeit des Willens fand er auch so nicht. Gewiß, dieses Vertrauen zu einer sittlichen Veredelung auf ästhetischem Wege konnte nur ein vorübergehendes sein; ein aufrichtig nach Gott fragender Geist wie der seinige, konnte auf diesem Standpuncte nicht stehen bleiben. Die Uebergangsstufe, welche Schillers Idealismus für seine sittliche Entwickelung war, ist jedoch von großer Wichtigkeit. Auch Andere haben dem Dichter dies verdankt, daß er Verlangen und Unruhe in ihnen erregte nach einer Befriedigung, die jenseits der poetischen Ideale liegt, und so ihnen das Ohr und den Sinn öffnete, zur Empfänglichkeit für die ewige Wahrheit des lebendigen Gottes. In derselben Richtung wurde Perthes auch durch den Umgang mit dem Philosophen F. H. Jacobi gefördert, der ihn auf eine zum Gefühl sprechende Stimme Gottes, als auf eine unmittelbare Offenbarung, hinwies, die eben so von den Eindrücken der Sinnenwelt, wie von der Gesetzmäßigkeit des Verstandes frei, zur Wahrheit im Erkennen und Handeln führe.

Aber Zwiespalt blieb in seiner Seele; wonach ihn verlangte, das war thatsächliche Vermittelung mit Gott. Daß diese von Gott selber in Jesu Christo den Menschen dargeboten werde, das wurde ihm endlich durch das Lesen der heiligen Schrift und im Verkehr mit seinem Schwiegervater Claudius immer gewisser; in diesem Glauben fand er einen festen Halt und Maßstab für That und Urteil, und gewann mehr und mehr eine geistige Sicherheit und Ruhe, wie er sie vorher nicht gekannt hatte. Er hatte die Höhe seines inneren Lebens erreicht; wie er dahin gelangt war, wollte und konnte er in seiner Art zu denken und zu handeln nicht verleugnen: jede seiner Entwickelungszeiten hatte ihm eine bleibende Frucht gelassen. Von dem, was später in seinem Leben eben so zur Bewährung wie zur Kräftigung seines Charakters diente, nenne ich nur die Befreiungskriege und nachher die Bemühungen um eine festere Gestaltung der evangelischen Kirche in Deutschland, d. h. seine Teilnahme an den beiden großen Gemeinschaften, in denen die wichtigsten Beziehungen unsers Daseins beschlossen sind.

Dies sind wenige Züge aus der sittlichen Entwickelungsgeschichte eines zu männlicher Tüchtigkeit ausgebildeten Lebens, das durch Zeiten des Kampfes und vielfacher Umgestaltungen in Staat, Kirche und Wissenschaft ging.

Die Absicht ist nun, wie eben der Raum eines Einzellebens überblickt worden, so größere Zeiträume in dem Bildungsgange des deutschen Volks seit der Reformation zu betrachten, um zu sehen, welche Momente in hervortretenden Geistesrichtungen derselben der Bildung des Willens vorzugsweise förderlich oder ungünstig gewesen sind; wobei

Wille als der concrete Ausdruck für die ins Leben tretende Sittlichkeit, und als Inbegriff aller praktischen Geistesvermögen des Menschen gebraucht ist.

Die Bildung hebt an mit der Erziehung. Die gewählte Aufgabe hat daher eine wesentlich pädagogische Seite. Es sind dabei insbesondere Biographien der drei letzten Jahrhunderte zu Rath gezogen worden. Diese Literatur ist sehr reichhaltig bei uns, und für die Geschichte der deutschen Pädagogik noch zu wenig benutzt.

Daß Deutschland vorzugsweise das Land der Pädagogik ist, mag ein zweifelhafter Ruhm sein; aber Thatsache ist es, daß der Erziehungsaufgabe in keinem europäischen Lande so viel Teilnahme, Liebe und Kraft zugewendet worden ist, und daß pädagogische Experimente nirgend so zahlreich gewesen sind, als im evangelischen Deutschland, besonders seit der Mitte des vorigen Jahrhunderts. Jede tiefer gehende Bewegung im Reiche des Geistes hat daselbst eine mitfolgende Einwirkung auf Schule und Erziehung gehabt. Am nachhaltigsten ist dies durch die jedesmalige Richtung des religiösen und kirchlichen Lebens geschehen; denn der Zusammenhang der Jugenderziehung mit demselben ist ein unmittelbarer und nothwendiger. Das Evangelium selbst ist Gottes Pädagogik am Menschengeschlecht: das Gesetz war und ist ein Zuchtmeister auf Christum, und Christus in seinem Wort und seiner Person ist die erziehende und umbildende Gotteskraft für den Einzelnen und die Gemeinschaft. Die den Menschen erschienene Gnade Gottes soll, nach dem Worte des Apostels, den Menschen erziehen, fleißig zu sein zu guten Werken, und die von Gott eingegebene Schrift soll nützen zur Züchtigung, d. h. Erziehung, in der Gerechtigkeit, daß ein Mensch Gottes sei vollkommen, zu allem guten Werk geschickt.

Die geschichtliche Betrachtung der Willenskraft wird hienach ihre Gesichtspuncte aus dem Evangelium selbst nehmen. Ich schicke darüber noch einige allgemeine Andeutungen voraus.

Das Christentum ist nicht sowohl Lehre, als vielmehr Leben, thätiges Leben im Reiche Gottes und für dasselbe: „Thue das, so wirst du leben", spricht Christus zu den Schriftgelehrten, und „Die ihr solches wisset, selig seid ihr, so ihr es thut." Das Licht, welches vom Worte Gottes ausgeht, beleuchtet immer auch einen Weg, auf dem wir es zur That bringen können. Das Thun ist die Wirkung des Willens.

Wir gehen hier weder auf eine Bestreitung Derer ein, welche aus materialistischen Gründen eine freie Selbstbestimmung des Menschen leugnen, noch andererseits auf die Frage nach dem Verhältnis des menschlichen freien Willens zu Gottes

Bestimmung und Führung, sondern nehmen es als etwas schlechthin Gegebenes an, daß Selbstbestimmung der Vorzug des Menschen ist, daß er zwischen gut und böse nicht nur zu unterscheiden, sondern auch zu wählen das Vermögen hat. Das Evangelium wendet sich überall an den freien Willen des Menschen; eine Sittlichkeit und eine Zurechnung bei Ohnmacht des freien Willens kennt es nicht. Der Glaube an die Persönlichkeit Gottes führt mit Nothwendigkeit auf die des Menschen, den er nach seinem Bilde geschaffen hat. Auf der freien Selbstbestimmung beruht die Persönlichkeit des Menschen, an ihr hat er das Siegel seines königlichen Berufs.

Das eigentlich menschliche Leben zeigt sich auch beim Kinde zuerst in seinen Willensäußerungen, und das sittliche Unvermögen des zum Bewußtsein gekommenen Menschen ist nicht ein Mangel seiner Erkenntnis, sondern eine Schuld seines Willens, wie ihm sein Gewissen bezeugt. Im Willen ist der Zugang der Sünde und des Heils. Hieraus ergiebt sich, daß die Bildung des Willens der eigentliche Mittelpunct der Pädagogik ist. In der Natur des Menschen ist nichts angelegt, das nicht der Erziehung fähig und bedürftig wäre. Erziehung ist vor allem Erweckung und Belebung der vorhandenen Kraft, und so soll auch der dunkle Trieb des Willens zur Klarheit des bewußten Strebens gelangen; der Wille soll frei werden, das ist seine gottgeordnete Bestimmung, und wir stehen vor der Frage: Wie geschieht das?

Sich selbst überlassen kommt er allerdings auch zu Kräften, aber nicht zur Freiheit. So ein wildgewachsener Naturwille, welcher ungeheuern Widerstandskraft ist er fähig, wie zerstörend kann er wirken, welche Energie und Ausdauer im Bösen bewähren! Und ist nicht auch der Willensheroismus der Stoiker zur Zeit der in sittliche Fäulnis übergehenden antiken Welt ein Gegenstand der Bewunderung? Aber weder Gewalt noch Festigkeit und Spannung ist es, woran der Werth des Willens zu messen ist, sondern das, woraus er seine Kraft nimmt, und das Ziel, worauf er geht.

Die menschliche Seele ist Trieb, so lange sie nicht krank und kraftlos ist; der Trieb wird zur Liebe: in der Liebe ist Wille, sie will etwas vor anderem, will einen Gegenstand, der des Lebens Mangel ausfüllt, den sie ohne ihn empfindet. Hier blicken wir auf das Irren und Suchen des menschlichen Herzens nach einem Gut, das volle Befriedigung gewährt, und auf die schmerzlichen Täuschungen eines Strebens, das zwischen Schein und Sein noch nicht zu unterscheiden gelernt hat. Aber „unsere Seele bleibt unruhig, bis sie ruhet in Dir, o Gott“. Das ist die Erfahrung und das Bekenntnis jedes Christenherzens, das aufrichtig ist. Die Liebe Gottes ist die höchste Liebe, sie kennt und hat das höchste Gut, und hat daran die himmlische Verklärung irdischer Menschlichkeit. Dieser Liebe ist es gegeben, den wahren Werth der Dinge zu erkennen, und so führt sie zur rechten Freiheit. Die Freiheit wird zur Willkür, wenn sie nicht Liebe ist: am Glauben und an der Liebe hat sie ihre Lebenskraft und ihre Probe. In der Verbindung mit Gott ist die Wahlfreiheit des Menschen nicht mehr leer, sondern erfüllt und bestimmt, und hat Teil an der seligen Freiheit Gottes selbst.

Demnach kann es für den Christen einen andern Ausgangspunct seines sittlichen Strebens nicht geben, als den Glauben an den lebendigen und heiligen Gott, und kein anderes Ziel als: den eigenen Willen mit dem Willen Gottes in Uebereinstimmung zu setzen; wie auch Christus von sich selber bezeugt: Ich suche nicht meinen Willen, sondern deß, der mich gesandt hat."

Auf diese Uebereinstimmung mit Gottes Willen ist die menschliche Natur angelegt*); es findet eine

*) Baco de augm. sc. 9, 1; Praerogativa Dei totum hominem complectitur, nec minus ad rationem quam ad voluntatem pertinet. — Vgl. Hebr. 13, 21: Er mache euch fertig, in allem guten Werk seinen Willen zu thun. 10, 36: Geduld ist euch Noth, daß ihr den Willen Gottes thut.

praestabilirte Harmonie zwischen beiden Statt: dem Willen Gottes antwortet in der tiefsten Seele des Menschen ein Ja, und dennoch kann er, wie im Uebermuth und Mißbrauch der ihm verliehenen Freiheit, Nein sagen; er hat das Vermögen zu beidem: es gehört zu den Vorrechten des Menschen, unselig sein zu können, dadurch daß er dem Willen Gottes widerstrebt und die Sünde thut*). Denn Sünde ist überall da, wo der Mensch seinen eigenen Willen an die Stelle des Willens Gottes setzt, wo seine Selbstsucht stärker ist als seine Liebe. Nach dem Sprichwort ist des Menschen Wille sein Himmelreich: aber wie Manchem ist die Hölle daraus geworden, wenn es eben nur sein Wille war.

Die sittliche Entwickelung des Menschen hat daher bis zu dem Ziel, daß der Wille frei und gut werde, in der Regel den natürlichen Verlauf, daß zuerst der Willenstrieb sich regt, dieser sodann als eigener Wille seine Selbständigkeit geltend zu machen versucht, und zuletzt als frei gewordener Wille seinen Frieden in Gott findet. Man kann diese Aufeinanderfolge, mit Passavant, kurz so aus-

*) Der Verfasser der „Nachfolge Christi" sagt in einer anderen Schrift: Es ist unmöglich, daß der Geist des Menschen vom Teufel überwunden werde, wenn sein eigener Wille nicht zustimmt.

drücken: ich **will**, — **ich** will, — **ich will Gottes Willen***).

Diese Uebereinstimmung unsers creatürlichen Willens mit Gottes Willen herzustellen, das ewige Gebot Gottes in zeitliche Erfüllung zu bringen, siehe da unsers Lebens Kampf und Arbeit; und je ernster wir es damit nehmen, desto tiefer der Schmerz über die Kluft zwischen Erkennen und Wollen, zwischen Wollen und Vollbringen, also über die natürliche Hemmung und Schwachheit unsers Willens. Ein Wille ohne Ruhe und Festigkeit besteht keine Proben, und wird zur täglichen Anklage; er will dies oder das, aber nicht zugleich das, was die unerläßliche Bedingung dazu ist, und

*) Luther in der deutschen Auslegung des Vaterunsers: „Ja freilich hat Gott dir einen freien Willen gegeben; warum willst du ihn denn machen zu einem eigenen Willen, und läßt ihn nicht frei bleiben? Wenn du damit thust was du willst, so ist er nicht frei, sondern dein eigen. Gott aber hat weder dir noch jemand einen eigenen Willen gegeben; denn der eigene Wille kommt vom Teufel und Adam: die haben ihren freien Willen, von Gott empfangen, ihnen selbst zu eigen gemacht. Denn ein freier Wille ist, der nichts eigenes will, sondern allein auf Gottes Willen schaut, dadurch er denn auch frei bleibt, nirgend anhangend oder anklebend.“ — Einer klagte bei Dr. Luther: es will eben nirgend hinausgehen wie **ich** gerne wollte. „Ja, sprach der Doctor, das ist auch ganz recht. Warum habt ihr euren Willen unserm Herrgott übergeben und betet alle Tage: Dein Wille geschehe!“

nicht das, was damit zusammenhängt und nothwendig daraus folgt: es ist kein Wille mehr, sondern ein kraftloses Wünschen und Mögen, wobei schließlich die Gewohnheit oder der Leichtsinn und die Begierde den Sieg behält*).

In solcher Ohnmacht des eigenen Willens empfindet die Seele den Verlust des Paradieses darin, daß sie aus der Einheit gefallen ist, aus der Einheit mit sich selbst und mit Gott. Der Sündenfall war ein Losreißen und ein Zerschellen, das den Menschen der Wahrheit im Wissen und der Unschuld im Wollen beraubte: Irrtum verläßt uns nicht, und die Schwere der Selbstsucht hängt sich an all unser Wollen; und doch ruht nur in der Einigkeit mit Gott und in der Einheit mit uns selbst unsere Kraft und unsere Freiheit. Wie stellen wir sie her? Durch uns selbst vermögen wir es nicht; das tiefste Verlangen unserer Seele ist nach Vermittelung, sie bedarf eines Mittlers. „Wollen habe ich wohl, ruft der Apostel, aber vollbringen das Gute finde ich nicht; denn das Gute, das ich will, thue ich nicht, sondern das Böse, das ich nicht will, das thue ich: ich elender Mensch, wer wird mich erlösen von dem Leibe dieses Todes? Ich danke Gott durch Jesum Christum, unsern HErrn".

---

*) Die Scholastiker nannten dies nicht mehr voluntas, sondern velleitas, Velleität, wofür ein deutsches Wort fehlt.

In diesem persönlichen Verhältnis zu dem Heilande ist Friede und Freiheit und ein neuer gewisser Geist gefunden; der Glaube an seine erbarmende Liebe und seinen Beistand hat die enteignende Kraft, unser selbstsüchtiges Wollen in den Gehorsam gegen Gottes Gebote umzuwandeln, worin wir die Bestimmung und die Seligkeit unsers Lebens erkennen, so daß wir nun mit demselben Apostel rühmen können: ich vermag alles durch den, der mich mächtig macht, Christus. Denn dieser Glaube hat es recht eigentlich mit dem Willen zu thun; definirt doch Luther den Glauben schlechthin auch so, er sei der lebendige Wille in uns*). Das christliche Leben aller Zeit hat an unzähligen Beispielen bewiesen, welche Wirkungen solcher Glaube hat, welchen fröhlichen Muth, welche Entschlossenheit und Klarheit er giebt, und wie er den Menschen über sich selbst erhebt. Wie herrlich bezeugt ist die Energie, deren ein in der Wahrheit befestigter Wille auch in schwachen Gefäßen, z. B. beim weiblichen Geschlecht, fähig ist; und macht nicht schon die persönliche Gegenwart eines Menschen, der diese Sicherheit und dies

*) Auch Melanchthon bezeichnet den Glauben als einen Willensact im Centrum der Seele. Die Wahrheit des alten Spruchs Nemo credit nisi volens wird den Meisten erst indirect und dadurch verständlich, daß sie die Macht des Willens, den Glauben zu hindern, nicht leugnen können.

Gleichgewicht des Seelenlebens gefunden hat, einen erhebenden Eindruck?

Die christliche Demuth spricht: „was hast du, das du nicht empfangen hättest“? und dennoch bleibt das Wort des HErrn: die Gewalt thun, die entschlossenen und ernsten Willens sind, die gewinnen das Himmelreich; so daß überall beim Thun des Menschen ein geheimnisvolles Zusammenwirken göttlicher Gnade und menschlicher Freiheit stattfindet. Gerade die Selbstüberwindung ist der Anfang der Freiheit: „So Jemand mir nachfolgen will, der verleugne sich selbst“. Zu dem reichen Jünglinge spricht der Herr: Willst du vollkommen sein, so gieb das Deine den Armen; und wenn er zu dem Kranken am Teich Bethesda sagt: „Willst du gesund werden? so hat doch auch dies einen tieferen Sinn als den einer teilnehmenden Frage. Der Verkündigung über Jerusalem (Matth. 28, 38) „Siehe, euer Haus soll wüste gelassen werden“ geht das durch alle Zeiten fortklingende Wort vorher: „ihr habt nicht gewollt“.

Das Christentum ging aus von einer heiligen Persönlichkeit; darum hat es überall die Persönlichkeit zu Ehren gebracht; und eben dies ist das specifisch Christliche der Sittlichkeit, daß an der geoffenbarten persönlichen Wahrheit das Leben des einzelnen Menschen Halt, Kraft und Erhebung hat. „Ich bin der Weg, die Wahrheit und das Leben“, und so ist, seit Er auf Erden erschienen, die Wahrheit kein Abstractum mehr, sie ist nicht zu suchen, sondern gegeben, und wir wissen es, ohne Ihn, und wenn wir nicht mit Ihm einen Lebenszusammenhang haben, wie die Rebe mit dem Weinstock, können wir keine Frucht bringen, und nichts thun was sittlichen Werth und Bestand hat.

Wie aber der Glaube durch dies Verhältnis des Einzelnen zu Christo personbildend ist, so ist er zweitens gemeinschaftbildend. Wo die Liebe Christi ein Herz ergriffen hat, da hört die selbstsüchtige Isolirung auf, und es lernt alsbald die Gemeinschaft des Geistes für das köstlichste der auf Erden erreichbaren Güter halten, und findet darin Kräftigung und Bewahrung. Persönlichkeit und Gemeinschaft, das eine nicht ohne das andere, und das eine nicht auf Kosten des andern, beides aber in fortwährender Rückwirkung auf einander, sind die vorzüglichsten Stätten der Willensbethätigung, und die folgende Darstellung wird darin ihre wesentlichsten Gesichtspuncte haben.

Die evangelische Heilsordnung enthält vorbildlich und im Großen auch die einfachen Grundgesetze der Pädagogik. Ihren natürlichen Ausgangspunct hat sie in der unbedingten Hingebung des Kindes zu der Zeit, wo sein Wille noch unentwickelt ist, an Diejenigen, deren Willen es zu dem seinigen zu machen hat. Die Quelle dieser

Hingebung ist Gehorsam und Vertrauen zu dem ihm gegenüberstehenden persönlichen Willen, und nicht etwa Erkenntnis der geistigen Ueberlegenheit. Die Erkenntnis ist eine natürliche Folge des Gehorsams, nicht seine Ursache, nach demselben Gesetz biblischer Psychologie, nach welchem für Alle das Wort des HErrn gilt: „So Jemand will den Willen thun, der wird inne werden, daß diese Lehre von Gott sei"*). Erst dadurch wird eine Wahrheit ganz unser Eigentum, daß wir sie im Thun erleben. So hat der Wille und das Thun immer eine rückwirkende Kraft auf die Erkenntnis, macht sie lebendig und zu einem sittlichen Act: in welcher Gegenseitigkeit sie auch ihrerseits dem Willen neue Impulse giebt: aber der Wille geht dem Denken voran, er kann den Verstand corrumpiren und verfinstern bis zur Blindheit, und kann ihn eben so läutern und stärken**); er kann die natürlichen Geistesgaben wunderbar steigern, und nicht ohne Grund mahnt der Apostel: „Strebet nach den besten Gaben." Die Wahrheit wollen,

*) Vgl. auch 1 Joh. 2, 3: „Daran wissen wir, daß wir Ihn erkannt haben, so wir seine Gebote halten."

**) F. H. Jacobi: „Wie unsere moralische Beschaffenheit, d. h. der Wille, so geräth auch unsere Einsicht in alle Dinge. — Der Verstand des Menschen entwickelt sich durch seinen Willen, der ein Funke aus dem ewigen reinen Licht und eine Kraft der Allmacht ist".

mit Selbstverleugnung wollen, nur das führt zum Erkennen derselben*).

Es ist klar, daß es eine abgesonderte Bildung des Willens nicht geben kann, und die directen Mittel, auf ihn zu wirken, werden am wenigsten fruchten; denn die menschliche Natur bildet in der Mannigfaltigkeit ihrer Kräfte eine organische Einheit, und nur wo sie wirksam ist, kann von einem wahrhaft sittlichen Thun die Rede sein. Beim

*) Daß es einen von den Vorstellungen der Seele völlig unabhängigen Willen gebe, ist im Obigen nicht behauptet worden; es ist nur dies gemeint, daß bei der unauflöslichen Verbindung der theoretischen und praktischen Geistesvermögen der Wille etwas Primitives hat, daß die Erkenntnis unter der Macht des Lebens steht, und daß die Stellung, welche der Mensch zur Wahrheit einnimmt, überwiegend durch seinen Willen bedingt ist. Die Erkenntnis hievon ist den Alten nicht verborgen gewesen, und könnte aus ihren Dichtern und Rednern bezeugt werden. Die biblische Psychologie lehrt ganz dasselbe von Anfang bis zu Ende. Die Augen werden der Eva erst aufgethan, nachdem sie ihrem Willen gefolgt ist, und den Ursprung der heidnischen Verkennung des Wesens Gottes leitet der Apostel Paulus aus nichts anderem, als aus der vorangehenden praktischen Abgötterei her, ein Verhältnis, das sich zu allen Zeiten wiederholt. Wer die Stelle Ev. Joh. 17, 3 für die entgegengesetzte Auffassung anführen wollte, weil daselbst das ewige Leben von der Erkenntnis Gottes und Jesu Christi abgeleitet wird, würde daran zu erinnern sein, daß die heil. Schrift ein von der Liebe getrenntes abstractes Erkennen überhaupt nicht kennt.

Gehorsam und bei der Erkenntnis der Zweckmäßigkeit, kann das Wollen dem Sollen unvermittelt in äußerlicher, gesetzlicher und gezwungener Weise entsprechen; die stärksten Motive aber, welche den Willen in eine freie Bewegung setzen, werden aus der Liebe und der Lust stammen, weshalb Beobachtung, Richtung und Belebung der Neigungen des Kindes zu den wichtigsten Aufgaben des Erziehers gehören. Aber auch hierin, in der Bildung und Läuterung seines Gefühls, ist das Kind zunächst von dem Beispiel seiner Umgebung abhängig.

Keine Hemmung, sondern Förderung und Segen gewährt dabei die frühe Gewöhnung an eine feste Lebensordnung und geregelte Thätigkeit, wobei wiederum das persönliche Vorbild und das Zusammenleben die tiefste Einwirkung übt. So bildet sich unvermerkt ein Boden gemeinsamer Anschauungen und sittlicher Ueberzeugungen, nicht durch Lehre, nicht durch Begriffe, sondern durch das Leben selbst und durch die Gemeinschaft. Nach allen Seiten erweist sich die Persönlichkeit als das wirksamste Bildungsmittel für die Jugend; in ihr fand auch Plato zuletzt die vielbesprochene Frage nach der Lehrbarkeit der Tugend gelöst: Tugend ist nur lehrbar durch Tugend, indem ihre lebendige Erscheinung Liebe und Nacheiferung weckt.

Allein nur diejenige Erziehung zum Wollen in dem angedeuteten Sinn wird die rechte sein, welche die keimende Selbständigkeit im Kinde so achtet, daß auf die Erziehung des Willens durch Andere die Bildung desselben als Selbstthat folgt, die alsdann das ganze Leben hindurch in Uebung erhalten wird. Auf die fremde Zucht muß naturgemäß die eigene folgen, bis der Mensch, um zu dieser wahrhaft fähig zu sein, sich willig in die des heiligen Geistes giebt. Ist Gehorsam die Schule der Freiheit, und wird erst durch Unterordnung die Ahnung von der Macht und Würde der Willensfreiheit in der Seele erregt, so ist große Vorsicht vonnöthen, daß nicht der Mißbrauch des Mittels den Zweck vereitle. Daß die Erziehung individualisiren muß, daß es eine Grenze der Behütung und Bevormundung giebt, daß Mißtrauen die Liebe tödtet und ein falsches Selbstvertrauen nährt, daß willkürliches Auflegen von Entsagungen die Freudigkeit des Gehorsams aufhebt, daß ferner ein Unterricht, der dem Geiste keine Klarheit giebt und ihn nirgends heimisch werden läßt, unstät und unselbständig machen muß, das alles wird leicht übersehen und oft erst dann erkannt, wenn der Schaden unwiederbringlich ist. Denn die Seele duldet keine Leere: hat man den rechten Willen zur rechten Zeit zu pflanzen versäumt, so drängt sich sehr bald auf demselben Boden das Unkraut hervor.

Es sind bekannte Erfahrungen, was für Folgen

eine versäumte oder verfehlte Willensbildung nach sich zieht. Welche Mannigfaltigkeit von ungeordneten und krankhaften Seelenzuständen thut sich hier vor uns auf, von dem jugendlichen Trotz einer ungezügelten Kraft und egoistischer Willensverhärtung bis zu der völlig unbeherrschten Hingebung an jeden Reiz und Eindruck, und bis zu dem gänzlichen Unvermögen, innerer Zerstreutheit zu wehren, woraus nicht selten wirkliche Seelenzerrüttung gefolgt ist. Die Pädagogik weiß, daß Eigensinn und Verkehrtheit des Willens mehr Hoffnung gewährt, als der Zustand der Schlaffheit, wobei die Springfeder der Seele, der Wille und das Gedächtnis des Willens, verschwunden zu sein scheint. Willenlosigkeit rührt eben so oft von Stumpfheit des Gefühls her, wie davon, daß es alle anderen Seelenkräfte überwuchert, und Alles rasch ergreifen, aber bei keinem Gegenstande ausdauern läßt. Wie häufig ist bei der Jugend die Erscheinung reicher Begabung, die wirkungslos bleibt, weil der bindende Wille fehlt, wie oft auch Verzagtheit bei jedem Mißlingen, aus Mangel an der Zuversicht, daß, wo nur ein Wollen ist, auch ein Können sich findet. Nicht selten wird ein Mangel an Talent angenommen, wo es nur am Willen fehlt, wo nichts aus eigenem innern Antriebe geschieht, sondern nur wenn äußere Nöthigung dazu treibt und zwingt.

Wie manche bedeutende Kraft ist in unserer Literatur oder auf anderen Gebieten des geistigen Lebens hervorgetreten, von der Großes gehofft wurde; aber sie verschwand wie ein Meteor: es waren Männer, denen es an wahrer Liebe und an der Willenskraft fehlte, sich zu bezähmen und in ihr Leben und Thun Ordnung und Zucht zu bringen, oder bei denen der Stolz des Willens die Erkenntnis bis zur Sophistik verdarb. Die Gefahren der Zuchtlosigkeit des Talents sind größer, als die der mangelnden Bildung.

Ja ein großer Teil unsers Lebensglücks hängt davon ab, wie unser Wille gerichtet ist. Auch dem geübten Kämpfer steht nicht immer die Kraft des Willens zu Gebot, Unmuth, Laune, Empfindlichkeit, schlaffe Gewöhnung, Ungeduld, aufsteigenden Zorn, Lieblosigkeit des Urteils, und wie die Feinde unsers inneren Friedens heißen mögen, bei aller Erkenntnis, das es böse Feinde sind, sicher abzuwehren. Auch dem innerlich Befestigten ist Mißfallen über seine eigene Wehrlosigkeit nicht für immer erspart; auch ein solcher kommt in den Fall, daß er eine Beute der äußeren Verhältnisse wird, die er zu beherrschen meinte und als einen Stoff für seine Willens- und Charakterkraft anzusehen gewohnt war.

Aber wie eine in ihrer himmlischen Quelle sich immer erfrischende und verjüngende Willenskraft auch dem Andringen des Alters und den Belästigungen leiblicher Hemmung und Schwachheit einen Widerstand entgegenzusetzen vermag, so verleiht sie auch der Seele immer aufs neue den Muth und die Zuversicht, die im Kampf gegen die eigene Sünde nicht ermüdet, und Frucht bringt in Geduld.

Es bedarf keines weiteren Nachweises, daß für die Pädagogik die schwerste Aufgabe nicht auf dem Gebiet des Wissens und Könnens, sondern auf dem des Willens liegt. Was ist Mitteilung von Kenntnissen und alle Kunst der Methodik gegen den berechtigten Anspruch, daß die Erziehung dazu helfe, daß ein Menschenherz fest werde!

Beginnen wir nunmehr die historische Uebersicht mit Luther, so begegnen wir sogleich einer durchaus vorbildlichen Erziehungstheorie und Praxis. Es war die Pädagogik des Evangeliums. Dieses hat es überall auf den ganzen Menschen, nicht auf irgend ein abgesondertes Vermögen abgesehen. Wie Luther selbst so in sich einig und ganz war, eine geschlossene Persönlichkeit, von lebendiger und thatkräftiger Willensstärke, so ging bei ihm auch das, was zur Erziehung des Menschen Noth thut, auf diese Einheit des Menschen und seine sittliche Gesundheit.

Der Anfang ist Strenge der Kinderzucht, und,

damit diese nicht zu einer Härte werde, welche die Seele des Kindes einschüchtert und keine Lust zum Guten wirkt, knüpft er die Erziehung an die Taufe an, durch die das Kind in die Gemeinschaft des HErrn und seiner Liebe aufgenommen ist. Dies vor Augen zu haben, giebt dem Erzieher eine zarte Schonung und hindert Zumuthungen von früher Buße und Sündenerkenntnis, deren das Kindesalter noch nicht fähig ist, und wobei die Taufgnade außer Acht gelassen wird. Andererseits erhält die elterliche Autorität die höchste Würde dadurch, daß sie Gottes Stellvertreterin ist, wodurch die Forderung des Gehorsams, als des A und O aller Kindestugend, für die Eltern die ernsteste Gewissenspflicht und eine Sache einstiger Rechenschaft wird, und für die Kinder die einzig unwidersprechliche Begründung erhält. Es war die Ueberzeugung, welche Franz v. Baader nach der Analogie eines biblischen Spruches so ausdrückt: Wer dem Menschen nicht gehorcht, den er siehet, wie kann der Gott gehorchen, den er nicht siehet?

Ist ein so gewöhntes und behütetes Kind von dem Segen christlicher Hausordnung und von Solchen umgeben, deren Strenge gegen sich selbst ihm vorbildlich sein kann, so bildet sich bei ihm naturgemäß, ohne viel pädagogische Künste, und ohne viel Befehl und Gesetz, eine sittliche Willensbestimmtheit aus, die für das Leben eine sichrere Kraft verleiht als die sorgfältigste Ausstattung mit guten Lehren.

Luther sah für die Jugend eben so viel Gefahr in falscher Freiheit wie in falscher Strenge; er wollte sie frisch und fröhlich und auch sich selber und ihren natürlichen Regungen überlassen, aber mit Schärfe behandelt, wo sie nothwendige Schranken überschreitet. Für den Unterricht verlangte er die Einfachheit und das beschränkte Maß, wobei der Seele die Fähigkeit nicht entzogen wird, sich zu sittlicher Tüchtigkeit zu concentriren.

Von einer so gearteten Zucht leitet Luther das Heil der Städte und Länder ab, und für die Jugend die Befähigung, Gott und der Welt recht zu dienen. Seine Pädagogik folgt der Ordnung des Katechismus: wie in diesem die Gebote zu Gebeten werden durch den Glauben, der sie beide vermittelt und das Sollen zum Wollen macht, so erwartet er die rechte Freiheit aus der rechten Demuth. Die Herstellung des persönlichen Verhältnisses zu Christo war zugleich der Weg zur wahren Pädagogik des Willens.

Das Bekenntnis: mit unserer Macht ist nichts gethan, vereinigt sich in Luther selbst mit dem Heldenmuth eines fröhlichen Glaubens, und so ist alle Lehre bei ihm, wie bei den Vätern der Kirche, von der aus dieser Quelle stammenden Charakterkraft getragen. Seinem Zeitalter war das Gefühl der Zugehörigkeit des Einzelnen zu den großen Organismen des Staates und der Kirche noch nicht verloren gegangen, das öffentliche wie das Privatleben ruhete noch fest auf diesen Grundlagen, und die erziehende Einwirkung, welche in dem richtigen Verhältnis des Besonderen zum Allgemeinen liegt, war deshalb noch in reichem Maße vorhanden. Dies verleiht der ganzen Betrachtungsweise Luthers den tiefen Hintergrund und die Objectivität, welche für das sittliche Streben und Urteil das rechte Maß und die höchsten Ziele geben.

Seine pädagogischen Principien haben durch Geltendmachung des evangelischen Standpuncts etwas Schöpferisches und Universelles. Aber ist es nicht oft in der Weltgeschichte, als ob Gott nur die Epochen herbeiführte und es den Menschen überließe, die Perioden auszufüllen? Luthers Tod war wie ein Stillstand der Reformation.

Die evangelische Lehre von der Rechtfertigung durch den Glauben und von dem königlichen Priestertum der Gläubigen war wieder ans Licht gebracht und der einzelnen Seele das Recht und die Pflicht wiedergegeben, in persönliche Gemeinschaft mit Gott zu treten. Sie sollte sich nicht mehr dabei beruhigen: die Kirche sorgt für dich, sie betet für dich, sondern es ist deine Sache, deine eigene Verantwortlichkeit. Galt diese Grundlehre der Reformation der Persönlichkeit des einzelnen Menschen und mußte sie ihn, richtig aufgefaßt, von Kraft zu Kräften führen, so war es nicht Luthers Absicht, dagegen das Zweite, nicht minder ursprünglich Evangelische, die Gemeinschaft, die Kirche, zurücktreten zu lassen; das Eine konnte nur mit dem Andern und durch das Andere gedeihen. Aber die Gefahr lag ja allerdings nahe, daß das nun wieder errungene Gut der freien Persönlichkeit in der Weise überschätzt wurde, daß man darüber den festen Ausbau der Gemeinschaft versäumte, und ebenso, daß die Stelle der vorherigen falschen, menschlichen Autorität nicht sogleich der wahren Autorität des HErrn selbst eingeräumt, sondern daß die Autorität als solche mißachtet, ihr Segen verkannt, und daß die mißverstandene Freiheit des Christenmenschen schließlich zu einer maßlosen subjectiven Willkür, und aus starken, fest zusammenhaltenden Persönlichkeiten schwache und vereinzelte Subjectivitäten würden. Um dieser großen Gefahr entgegenzutreten, welche den durch Gottes Gnade wiedererworbenen Besitz der Wahrheit aufs neue, wenn auch von entgegengesetzter Seite, bedrohete, mußte, da in der evangelischen Kirche der Ausbau nur von innen geschehen konnte, alsbald das Streben nach Festsetzung der reinen Lehre, als Fundament der Kirche, in den Vordergrund treten; es war die Lebensfrage der Kirche. Nur in diesem Zusammenhange läßt sich die viel geschmähete Orthodoxie des sechszehnten und siebzehnten Jahrhunderts gerecht beurteilen und nach der ihr gebührenden Ehre würdigen; und hat ihr Streben nicht auch das Zeugnis eines geschichtlichen Verlaufs für sich, auf den wir nur mit Schmerz zurückblicken können, trägt nicht die Unwissenheit über das was evangelische Lehre ist, einen großen Teil der Schuld an der Schwachheit und Uneinigkeit der evangelischen Kirche?

Aber es ist Thatsache, daß sehr bald nach Luthers Zeit die Theologie über der Hauptsorge, die orthodoxe Lehre systematisch festzustellen, die Bewährung und das Correctiv vergaß, welches die Lehre allezeit am Leben hat. Der Glaube fing bei der überwiegenden Verstandesthätigkeit, die ihm zugewandt wurde, an, in unlebendige Formeln überzugehen; seitdem ist der Begriff liebloser Starrheit fast unzertrennlich von dem der Orthodoxie geworden. Die evangelische Pädagogik konnte von den theologischen Streitigkeiten nicht unberührt bleiben; das Parteigezänk drang auch in die Schule, und sie hörte auf ein neutraler Boden zu sein.

Der dreißigjährige Krieg hatte Zerstörung und Verwilderung auch auf diesem Gebiet zur Folge; die kirchliche Zwietracht unter den Evangelischen überdauerte ihn, aber eben so auch im Volke und in den Ordnungen des bürgerlichen Lebens noch viel evangelische Glaubenstreue.

In einzelnen Persönlichkeiten, — ich erinnere nur an Herzog Ernst den Frommen von Gotha und an seinen Kanzler Veit Ludwig von Seckendorf, — tritt die noch vorhandene Macht christlicher Zucht zur Charakterbildung in leuchtenden Beispielen hervor. Den Herzog Ernst nennt eine alte thüringische Chronik „einen wahren Liebhaber Christi und rechten Entwurf von dem ächten alten noch unvermengten Deutschland." Seine Anordnungen für Kirche, Schule und das ganze Land gehen alle von demselben Princip der evangelischen Wahrheit aus; es ist ein Ernst und eine Nüchternheit darin, eine Aufmerksamkeit auch im Kleinen, die recht die Treue eines landesväterlichen Herzens erkennen läßt; und in dieser Treue wurzelte ebenso eine ungemeine Ausdauer und Entschiedenheit bei der Durchführung seiner Pläne. Die gelehrte Schule zu Gotha war ein Gegenstand seiner besondern Fürsorge; damals empfing auch A. H. Francke seine Schulbildung auf derselben. Die Erziehung war durchweg in Deutschland einseitig und hart, aber durch ihre Beschränkung geeignet, früh den Willen zu kräftigen.

Mit der Erwähnung des Herzogs Ernst von Gotha haben wir uns schon einer von der kirchlichen Orthodoxie sich abwendenden Richtung genähert. Lebst du was du bekennst? so sich zu fragen hatte ein großer Teil der evangelischen

Christenheit im Eifern über dem rechten Bekenntnis vergessen; und als die Frage sich aufdrängte, rief die Wahrnehmung des ungeheuern Mißverhältnisses zwischen Lehre und Leben den Pietismus hervor.

Speners collegia pietatis, erbauliche Privatversammlungen, 1683, werden als der Beginn desselben angesehen. Er war ein Versuch, umzukehren zu dem eigentlichen Princip der Reformation, zu einem Leben im Glauben, der den ganzen Menschen, sein Wollen, Thun und Denken, durchdringe und umwandele. Daß Heiligung der natürlichen Kräfte des Christen größte Sorge sein müsse, hatten auch Andere vor Spener bezeugt; diese Predigt ist in der Kirche nie verstummt: jetzt aber wurde sie lauter und entschiedener durch den Gegensatz, in welchem sie die Frömmigkeit über die Rechtgläubigkeit erhob.

Es war dem Pietismus von Anfang an eigen, da ihm der einzelne Christ wichtiger war als das Christentum, sich mit specieller Seelsorge vornehmlich auch bei der Jugend zu beschäftigen. Zu der als Sitte überlieferten Strenge der Zucht kam eine sorgfältige Behütung der Kindesseele, daß sie die Taufgnade bewahre und früh durch Gebetsübung in die unsichtbare Welt einzukehren und mit dem Heiland wie in einen vertrauten Umgang zu treten lerne. Diese Pädagogik hat reichen Segen gestiftet, und ihre allgemeine Richtung hat sich in den mit dem ursprünglichen Pietismus zusammenhangenden herrnhutischen Erziehungsanstalten bis in die Gegenwart erhalten.

Das Leben sollte von Anfang so angelegt werden, daß es ein ganzes, in allem mit sich selbst übereinstimmendes, und unverrückt auf das Eine Ziel der himmlischen Berufung gerichtetes werde. Diese Forderung enthält ein entweder oder, an dem der Wille, wenn auch nach schwerem Kampf und unter den Schmerzen einer neuen Geburt, stark und entschieden zu werden eine Nöthigung finden kann. Dieser Wirkung begegnen wir in den Zeiten des Pietismus, wo Spener selbst, ebenso A. H. Francke, der Abt Steinmetz in Klosterbergen, u. A. den Zusammenhang mit der Kirche noch festzuhalten suchen, so daß die Frömmigkeit des Einzelnen an der Gemeinschaft einen Schutz vor den Verirrungen des separatistischen Wesens hatte. Es waren Männer, welche die ganze Herrlichkeit des in der Liebe thätigen Glaubens bewährten, und auf deren Antlitz auch im Bilde noch der Abglanz des himmlischen Friedens ruht, den sie im Herzen trugen. Die innere Lebenseinheit erscheint bei nicht wenigen von ihnen gepaart mit großer Kraft und Beharrlichkeit des Willens, die sich mit einer folgerechten Nothwendigkeit in ihnen ausgebildet hatte und in einem thätigen Leben erprobte; von keinem ist dies wohl allgemeiner bekannt, als von A. H. Francke. Die Vorstellung besonderer Sanftmüthigkeit paßt auf ihn nicht; in einem gleichzeitigen Gedicht wird er mit einem Löwen verglichen. — Lehrreich ist in dieser Beziehung auch die Lebensbeschreibung des Würtembergischen Rechtsgelehrten J. J. Moser. „Die Vernunft der Forderung, die Lehre Christi zu thun, um sie zu verstehen," hatte ihn geweckt: „und je mehr ich," sagte er, „in meinem Leben und Wandel der Lehre Jesu folgte, desto mehr Zweifel fielen hinweg; „auf dem Wege der Buße und des Glaubens wird auch der Verstand erleuchtet und der Wille gekräftigt."

Der Pietismus erhielt eine weite Verbreitung auf Schulen, Universitäten und im Volk, unter fortwährender Bestreitung von Seiten der kirchlichen Orthodoxie. Es gehört viel weniger dazu, seine Verirrungen nachzuweisen, als seine Segnungen zu ermessen und ihn richtig zu würdigen. Aber ein angefochtenes Princip schreitet leicht zu Extremen fort; so war es auch hier. In Bogatzky's Autobiographie sieht man neben der Glaubensstärke und dem Ernst des ersten Pietismus bereits die Gefahren hervortreten, welche diese ganze Richtung ihres Segens und ihrer Ehre zu berauben drohten. Eine Einseitigkeit schien nur durch eine andere verdrängt worden zu sein.

Von den beiden Objecten der Sittlichkeit, dem individuellen Leben und der Gemeinschaft, fing der

Pietismus bald an die letztere gering zu achten; die Idee eines Gemeinlebens, sowohl des kirchlichen, wie noch mehr des volkstümlichen, wurde ihm fremd; es fand grundsätzlich eine Beschränkung auf den nächsten kleinen Kreis Gleichgesinnter und auf die enge Gemeinschaft der für wiedergeboren Geltenden Statt. Er vergaß, daß das Evangelium ein religiöses Volksleben will und als Sauerteig die Masse zu durchdringen bestimmt ist: Gehet hin in alle Welt! Wie man aber die Bedeutung des Zusammenhanges verkannte, in welchem jeder Einzelne als ein lebendiges Glied seinem Volke angehört, und das Vermögen sich im Ganzen zu fühlen verlor, so entbehrte man auch der Bewahrung und des Segens, welche in der Gegenseitigkeit dieser Gemeinschaft, in der Teilnahme an dem Geiste eines großen Ganzen, und in der Ausübung der dadurch einem Jeden zukommenden Pietätspflichten liegt. Je mehr man sich, in der Meinung, die Kirche sei unheilbar krank, von ihrer geordneten Gemeinschaft und sogar vom öffentlichen Gottesdienst lossagte, desto schneller wurde das Christentum zu einer Privatreligion, die dem Leben keine Zuversicht gewährte und in der Praxis die schädlichsten Verirrungen zuließ.

Das Mißtrauen gegen den Werth der Wissenschaft, die schroffe Scheidung von Natur und

Geist, von geistiger und fleischlicher Regung, mußte gerade bei der Jugend auf gefährliche Abwege führen. Unter anderen Lebensbeschreibungen zeigt z. B. die des Hallischen Theologen Semler, wie groß diese Irrtümer waren. Die Verkennung des der jugendlichen Natur Gemäßen brachte bei den Pietisten allmählich eine Pädagogik in den Gang, die den Willen nur lähmen, nicht seine Keime erziehen konnte.

Noch Spener und Francke hatten auch in dieser Beziehung Rathschläge tiefer Weisheit und Erfahrung gegeben. Der Erstere sagt z. B. in den theologischen Bedenken u. a.: „Die Ueberwindung des eigenen Willens und die Verleugnung seiner selbst sind freilich vornehme Lectionen, darinnen die Jugend geübt werden muß; aber das rechte Mittel ist nicht die gewaltsame Abhaltung von allem dem, wozu ihre auch an sich nicht sündliche natürliche Neigung geht. — Es ist viel besser, der Jugend solche Schranken ihrer Ergötzlichkeit zu setzen, welche der Ermunterung ihres Gemüths und der Erhaltung ihres Leibes gemäß sind, und ihnen manchmal mit freundlichen Persuasionen beizubringen, daß sie sich allgemach auch von solchen Schranken aus freiem Willen zurückziehen und eben dieses eine Uebung ihrer Tugend und eine Brechung ihres eigenen Willens werde. — Die stattlichsten ingenia, deren sich Gott manchmal in seinem Reich und zu vielem Guten gebraucht, haben Hitze und Feuer daher stete Unruhe in sich; — dem Muthwillen solcher feurigen Köpfe soll man steuern, aber so daß das Feuer nicht ausgelöscht, sondern in Ordnung gebracht werde, wo es zu Nutzen und nicht zu Schaden brenne.“ Sehr viel Beherzigenswerthes steht auch in Francke's Schrift Von der Erziehung der Jugend zur Gottseligkeit und Klugheit. „Die wahre Gemüthspflege,“ sagt er u. a., „geht auf den Willen und Verstand. Wo man nur auf eines unter beiden sein Absehen hat, ist nichts Gutes zu hoffen. Am meisten ist wohl daran gelegen, daß der natürliche Eigenwille gebrochen werde, darum am allermeisten hierauf zu sehen. Wer nur deswegen die Jugend unterrichtet, daß er sie gelehrter mache, vergisset das Beste, nämlich den Willen unter den Gehorsam zu bringen, und wird deswegen endlich befinden, daß er ohne wahre Frucht gearbeitet. Hingegen muß auch der Verstand heilsame Lehre fassen, wenn der Wille ohne Zwang folgen soll.“

Von dieser Bahn wich man bald sehr weit ab; es wurde mehr und mehr eine Erziehung ohne Freiheit und Freudigkeit. Der Reichtum der Güte Gottes in der Welt, die Herrlichkeit der Natur, diese dem Gemüth und der Anschauung der Jugend so angemessene und für das ganze Leben fruchtbare natürliche Theologie, wurde nicht geachtet, und kaum von einer teleologischen Betrachtungsweise der Werke Gottes Gebrauch gemacht. Auch der Begriff der wissenschaftlichen Jugendbildung verengte sich; der Pietismus hat zuerst die Nützlichkeitstheorie in dieselbe aufgenommen.

Andererseits hatte er jedoch, bei aller sonstigen Beschränkung, in seiner Auffassung der eigentlichen Erziehungsaufgabe oft die abstracte Großartigkeit, über die unmittelbar praktischen Erfolge hinwegzusehen. Wie er die Aufgabe tiefer faßte, so hoffte er auch weiter hinaus, weil auch der Jugend, wenn sie nur nach dem Reiche Gottes zu trachten angehalten werde, zu seiner Zeit das Andere zufallen müsse: als ob durch diese ewige Wahrheit die Pflicht, naturgemäße Wege mit der Jugend zu gehen, aufgehoben wäre. Die Psychologie lernt nicht aus, gerade an der Kindesseele, und alle Bemühungen einer Erziehung, die ohne Geduld und Vertrauen ist, und ernten will, ehe die Empfänglichkeit für die Saat vorhanden war, schlagen zum Schaden aus, weil ein nothwendiger Entwickelungsgang gestört wird; z. B. die geheimnisvolle Tiefe der Lehre von der Rechtfertigung durch den Glauben und von der stellvertretenden Genugthuung zu fassen, ist der natürliche Mensch unfähig: es gehört so viel inneres Erleben dazu, sie sich anzueignen, daß in der Jugend nur ein ahnendes Verständnis möglich ist.

Die hiedurch und durch die unendliche Mannigfaltigkeit des Seelenlebens gebotene Vorsicht vergaß der Pietismus in seiner Ausartung. Der Begriff der Sünde wurde auch auf die Unarten und Thorheiten des Kindesalters ausgedehnt, jede Benutzung der natürlichen Ehrliebe als Sporn des Willens galt für verwerflich; die Bekehrung sollte in bestimmter Form zur Erscheinung kommen, und jugendliche Fröhlichkeit war ein sicheres Zeichen, daß sie nicht vorhanden. Unter der methodistischen Behandlung verschwand gar oft die zarte Scheu der Seele vor dem Heiligen, und damit die kindliche Einfalt. In Saalfeld, in Ebersdorf und an anderen Orten stellten die fürstlichen Herrschaften Gebetsverhöre an: die Kinder mußten auf das Schloß kommen und Proben ihrer Inbrunst im Gebet ablegen; auch in Zinzendorfs Lebensbeschreibung liest man: „er stund allemal auf der Liste der Erweckten auf dem Hallischen Pädagogium,“ und schon diese Bezeichnung genügt zu einem Urteil über eine damals an nicht wenigen Erziehungsanstalten übliche Sonderung der Zöglinge.

Bei der reinsten Absicht ahnte man nicht, welchen Schaden die Seele bei einen verfrüheten Ascetik nahm, wie nicht blos ein Christentum der Worte statt der Kraft, sondern in vielen Fällen auch Lüge und Heuchelei, und schon bei der

Jugend liebloses Richten, und der Pharisäismus, sich für besser als die Anderen zu halten, die Folge eines solchen Verfahrens sein mußte. Andererseits tödtete die mechanisch übereinstimmende Frömmigkeitsübung oft alle frische und individuelle Lebenskraft; besonders wenn dazu eine Einhegung des jugendlichen Lebens durch zahlreiche Gebote und ängstlich berechnende Vorschriften kam. Dabei blieb die Wahrnehmung nicht aus, daß gerade in Häusern, die der strengsten gesetzlichen Frömmigkeit sich befleißigten, bei kräftigen jugendlichen Naturen die entgegengesetzte Sinnesart, nachdem sie eine Zeit lang in Schranken gehalten, durchbrach, und daß der Zunder des nicht gebrochenen, nicht geleiteten, sondern nur zurückgedrängten natürlichen Eigenwillens Funken fing und zu Leben und Kraft verzehrenden Flammen ausschlug. Schon Spener hatte dasselbe als seine Erfahrung bezeugt, „daß Solche, die auch von erlaubten Ergötzungen wider Willen zurückgerissen worden, sobald sie der verdrießlichen Aufseher los, alsdann in ein ungleich unbändigeres und dissoluteres Leben gerathen, als andere, welchen eine ziemliche Freiheit von Jugend auf gelassen worden.“

Der Pietismus will ein Ganzes, wird aber durch seine Exclusivität gegen die Gemeinschaft, so wie gegen die Welt der Natur und des Geistes, zu einer falschen Selbstbeschränkung und zu einem überwiegend negativen Charakter gedrängt, bei dem die Schuld, das von Gott verliehene Pfund zu vergraben, statt damit zu wuchern, nicht vermieden werden kann. Er erzeugt in seiner Consequenz eine scheue Passivität, die ungeschickt und unwillig macht zu dem Kampf, der uns verordnet ist, und uns nöthigt, auch einmal zu vergessen was dahinten liegt, und vorwärts zu schreiten zur fröhlichen That des Glaubens; und so hat er auch der Jugend in der ausschließlichen Hinweisung auf die Gnade Gottes oft eine Begünstigung der Trägheit gegeben, die den Willen und die eigene Kraft zu stärken versäumt, und sich zu freier Thätigkeit hinauszuwagen den Muth verliert.

Es gewährt eine Erquickung, in der Zeit solcher Verirrungen auf das gesegnete geistliche und pädagogische Wirken des Würtembergischen Theologen J. A. Bengel zu blicken. Es war etwas von Luthers Gesundheit in ihm, allezeit wacker zu sein zum Kampf und doch zu ruhen in der Fülle der Gnade Gottes. Er übte eine strenge Zucht, verstand sich aber auf die Kindesseele, für die er es als eine gefährliche Krankheit ansah, „sich an eine affectirte Frömmigkeit zu gewöhnen, bei der einer den andern zum Modell nimmt"; und wie er selber in der frühen Gewöhnung, den eigenen Willen zu verleugnen, eine ihm nie versagende

Hülfe hatte, so hielt er dies auch für die vornehmste Erziehungsaufgabe.

Was die Orthodoxie mit ihren Angriffen nicht vermocht hatte, geschah durch die Feindschaft, zu welcher der Pietismus in ihm selbst durch seine Ausartung den Grund legte; hatte er sich doch in seiner Verirrung zur Werkheiligkeit auch von rationalistischen Elementen nicht rein erhalten können. Um die Mitte des vorigen Jahrhunderts trat gerade bei Zöglingen des Pietismus eine Reaction ein, durch welche die Einzwängung des Geistes in ihr Gegenteil umschlug. Auch der genannte Semler wurde zum unversöhnlichen Bekämpfer des Pietismus, dem er selbst in Saalfeld eine Zeit lang angehört hatte, und in dem er einen Bruder an unheilbarer Melancholie hatte hinsterben sehen. Seine Art der Bestreitung ist wie eine Rache, der es gleichgültig ist, wie weit das einmal angefachte Feuer greift.

So folgte auf das Extrem des Pietismus der Rationalismus. Er trat jenem ebenso entgegen wie der kirchlichen Orthodoxie, unterstützt durch die Einflüsse, welche Deutschland zu gleicher Zeit von England und Frankreich her erfuhr, um das sogenannte Zeitalter der Aufklärung vorzubereiten.

Sprach der Pietismus dem natürlichen Menschen jede Fähigkeit das Gute zu thun ab, weil er verkannte, daß der ziehenden Gnade Gottes auch in der Seele des Menschen ein Verlangen entspricht, das den Keim des Willens enthält, so setzte der Rationalismus dagegen alles Vertrauen auf die eigene Kraft und die angeborene Vernunft.

Er konnte nicht fehlen, daß bei dieser Richtung die menschliche Charakterkraft in stattlichen Erscheinungen hervortrat. Die zahlreichen Biographien aus der besseren Zeit des Rationalismus sind von großem Interesse, insbesondere was die Jugendbildung betrifft. In vielen begegnet man einem rastlosen Streben nach Wahrheit, nach sittlicher Reinheit und Würde, nach gewissenhafter Benutzung der von Gott verliehenen Kräfte: es war unverkennbar viel ernste Zucht, Selbstverleugnung und Anspannung der natürlichen Willenskraft vorhanden.

Die aus der Religion entnommenen Motive konnten leichter, als es beim Pietismus der Fall gewesen, zu solchen Resultaten mitwirken, weil sich der Rationalismus bald ausschließlich an die menschliche Natur Christi hielt, welche die pietistische Pädagogik zu wenig beachtet hatte.

Allmählich mußte aber die Religion auf diesem Wege völlig zur Moral werden und die Demuth des Glaubens einem pelagianischen Selbstverlaß weichen. Semler nennt den Zweck des Christentums „moralische Ausbesserung", sehr bezeichnend für das Flickwerk der ganzen Theorie, während der Pietismus in seiner Grundrichtung die er=

habene Tendenz aus dem Ganzen zum Ganzen gehabt, und nach Heiligung des Lebens gestrebt hatte, die nun zur Besserung ermäßigt wurde.

Der Zusammenhang der Pädagogik mit der Religion verschwand mehr und mehr: sie wurde ein Theil der Ethik; daher der unermeßliche Einfluß, den Kants Philosophie auf die Erziehung, gerade nach der praktischen Seite der Willensbildung gehabt hat. Nur die Güte des Willens, lehrte er, bestimmt den Werth des Menschen. Der kategorische Imperativ: du sollst gut sein, sollst so handeln, daß die Maxime deines Wollens den Werth eines allgemeinen Princips hat, wendet sich an die selbständige Willenskraft des Menschen und fordert Selbstvertrauen und Selbstüberwindung von ihm; und wie Kant selber ein Mann von strenger Sittlichkeit war, so hat diese Lehre überhaupt durch die Herrschaft des Menschen über Temperament und Affecte, durch den Ernst der Selbstbestimmung, durch Geradheit, Wahrhaftigkeit und gemeinnützige Thätigkeit achtungswürdige Charaktere gezogen, und auf lange Zeit in Deutschland ein Streben sittlicher Begeisterung rege erhalten. Bei der Erziehung konnte die einfache moralische Bestimmtheit sich leicht wirksamer erweisen, als es wortreiche fromme Gefühlsäußerungen vermocht hatten. Der Rationalismus hat die pädagogische Kraft des Gesetzes und der Ordnung gezeigt. Es wurde zur frühen Gewöhnung, sich beschränken und sich selber helfen zu lernen, in der Entbehrung die Quelle der Kraft zu haben und das Vergnügen in der eigenen Thätigkeit zu suchen. Einfachheit und Frugalität des häuslichen Lebens, das Beispiel der Rechtschaffenheit des Charakters, eines wachsamen Pflichtgefühls und einer festgeregelten unverdrossenen Thätigkeit war in sehr vielen Fällen die Grundlage der Auferziehung des jungen Geschlechts.

Muß man hienach dem Rationalismus eine bestimmtere Willensdisciplin zuschreiben als dem Pietismus, so ist doch nicht zu übersehen, daß beiden in dieser Beziehung noch etwas gemeinsam war, nämlich die Tradition der alten, auch wohl altväterisch geheißenen, einfachen und strengen Sitte des deutschen Familienlebens. Sie kam beiden Richtungen zu Gute und bewahrte namentlich noch lange eine religiöse Grundstimmung im Volk.

Fand aber in der besseren rationalistischen Zeit nicht auch noch eine große Unbefangenheit des Zusammenlebens Statt, war nicht die Tugend des persönlichen Wohlwollens, der gegenseitigen Anerkennung und ebenso hingebender Freundschaft und die Möglichkeit der Verständigung allgemeiner als in der späteren Zeit? Ich erinnere nur an die vielen gedruckten Briefwechsel: hat man beim Lesen derselben nicht den Eindruck, als ob die Zeit seitdem kälter, egoistischer und anspruchsvoller, das Leben unruhiger, hastiger und unbefriedigter geworden ist?

Dennoch bildet alles dies nur die Eine Seite; es sind Vorzüge, die keine Gewähr der Dauer in sich hatten. Die Fehlerhaftigkeit des rationalistischen Princips konnte nicht lange verborgen bleiben; es mußte sich zeigen, daß zuletzt alles darauf ankommt, worein wir das höchste Gut setzen, und wo für uns der Stützpunct der Kraft liegt, das Gute zu thun.

Der Rationalismus erklärte gute Gesinnung Rechtthun und Pflichterfüllung für den besten und bald für den einzigen Gottesdienst, und fand die Genugsamkeit dazu im Menschen selbst. Das Wort von der Wiedergeburt war ihm eine bildliche Redeweise ohne Realität. So trennte er das sittliche Leben vom Glauben. Ist aber die Tugend keine Frucht des Glaubens, so ist sie mein eigen Werk, und soll ich frei werden durch diese Tugend, so muß ich mein eigener Heiland sein, und der Tugendstolz ist berechtigt.

Der Pietismus kannte nur eine Willenserziehung durch Demuth, Glauben und Liebe, dem Rationalismus genügte dazu Erkenntnis, eigenes Urteil und Selbstbeherrschung nach den Forderungen des Gewissens. Er setzt das Ziel der Erziehung überhaupt nur in die Vernunftmäßigkeit zum Leben in dieser Welt. Halten wir dagegen die Mahnung des Apostels, die Vernunft gefangen zu nehmen unter den Gehorsam Christi, und die Jugend aufzuerziehen in der Zucht und Vermahnung zum HErrn, so haben wir damit den Gegensatz bezeichnet, in welchem die rationalistische Erziehung principiell zum Christentum steht.

Gerade der kategorische Imperativ bildet einen directen Widerspruch gegen das Christentum; er enthält ein unbedingtes Sollen um des Guten willen. Die Autorität liegt dabei in dem Gebote selbst, nicht über ihm: der christliche Glaube dagegen knüpft alles an die Person Jesu Christi und an die Thatsachen des Heils. Pflicht, du heiliger Name! ruft Kant aus; aber der Pflichtbegriff bleibt darum was er ist, ein Abstractum, das sich mit dem Leben eines Tugendideals nicht erfüllt und eine Kraft des Vollbringens nicht mitteilt. Kant findet sogar den Werth der Tugend vermindert, wenn sie mit Lust am Gegenstande des Wollens, also auch mit persönlicher Teilnahme, verbunden ist. — Nicht weiter als Kant mit dem reinen Sollen drang später Fichte zu den tiefgelegten Wurzeln des Willens vor, wenn er das Gute im Begriff der Freiheit aufgehen läßt, in edlem Eifer an die sittliche Selbstbestimmung des Menschen appellirt und gelegentlich ebenso imperativisch verlangt: Wer keinen guten Charakter hat, muß sich unbedingt einen bessern anschaffen.

Des Willens Gottes wegen das Gute zu thun,

erklärte Kant, sei kein so wirksames Motiv, als um der Tugend selbst willen; denn die erste Sorge bei der moralischen Erziehung müsse die sein, einen Charakter zu gründen; dieser bestehe aber in der Fertigkeit, nach Grundsätzen zu handeln. Er wünscht, daß in den Schulen ein Katechismus gebraucht würde, aus dem die Jugend erkennen könne, was in dem einzelnen Fall Recht und Pflicht sei. Der Katechismus genügte dazu nicht, welcher mit dem Gebot beginnt: Ich bin der Herr dein Gott, du sollst nicht andere Götter haben neben mir. — In der Theorie wurde die Persönlichkeit Gottes nicht aufgehoben; aber schon in der Sprache tritt das lebendige Bewußtsein derselben seit jener Zeit zurück. Gottheit, Providenz, Vorsehung, höchstes Wesen, Schicksal, Natur und selbst die locale Bezeichnung Himmel statt des persönlichen Gottes wurden mehr und mehr üblich. An die Stelle des heiligen Geistes tritt im Sprachgebrauch jener Zeit sittliches Gefühl oder Gewissen; und indem man diesem eine normale Bedeutung beilegte und es über den geoffenbarten Willen Gottes setzte, übersah man, daß es eben so wenig wie die menschliche Vernunft auf Autonomie Anspruch machen kann, weil es sich von Herkommen und Zeitansichten ganz unabhängig zu erhalten nicht im Stande ist.

Es mußte in dieser Richtung dahin kommen, daß Vernunft allmählich nur als der edlere Name für den gemeinen Menschenverstand gebraucht wurde. Wird diesem aber die Souveränität im geistigen Leben des Menschen zugesprochen, so tritt eine allgemeine Isolirung ein. Er ist unfähig, einen lebendigen Zusammenhang zu begreifen: wie er in der Person Christi die Immanenz göttlicher und menschlicher Natur nicht anzuerkennen vermag, so beschränkt er auch den Menschen auf das Irdische und sperrt ihn gegen das Licht ab, das aus der Ewigkeit in diese Zeitlichkeit fällt, und gegen die aus der ewigen Heimat herniederströmende Lebensquelle. Einer Offenbarung bedarf er nicht; denn er hat die Quelle der Wahrheit in sich selbst, und mißt ihren Werth lediglich nach ihrer Klarheit für den Verstand. Eben so wenig bedarf er einer Erlösung; denn er kennt weder die Sünde noch das Bedürfnis oder die Möglichkeit einer Erhebung über sich selbst. Wie hätte der Rationalismus gar eine Erbsünde statuiren können, da er in der consequenten Verstandesthätigkeit des Unterscheidens und Trennens den Menschen in der Reihe der auf einander folgenden Geschlechter vereinzelt und eine Solidarität für dieselben zuzugeben nicht im Stande ist.

Hiemit hängt der Mangel an historischem Sinn zusammen. Der Rationalismus ging in der schon beim Pietismus bemerkten Verkennung der auch in den Organismen der Kirche und des Staats geoffenbarten göttlichen Ordnung weiter, und entschlug sich der daher stammenden Autorität. Der Zusammenhang unmittelbar überlieferter Ueberzeugungen im Kirchlichen wie im Volkstümlichen wurde mehr und mehr zerrissen; die rationalistische Zeit wurde auch die Zeit des Weltbürgertums und der Verödung der evangelischen Kirche, der Begriff der Menschheit trat an die Stelle der Christenheit.

Somit erkennen wir ein doppeltes Resultat: es ist die Lockerung und allmähliche Auflösung des Zusammenhanges, worin der Einzelne mit den großen Gemeinschaften, in die er durch seine Geburt eintritt, zu stehen eine natürliche Bestimmung hat, und die jede liebevolle Hingebung an ihre Zwecke mit der Kraftsteigerung lohnen, welche in organischen Verbindungen das einzelne Glied immer vom Ganzen empfängt; und damit in Wechselwirkung zweitens, bei dem einzelnen Menschen durch das einseitige Uebergewicht des Verstandes eine Störung der Harmonie seines innern Lebens, auch ohne daß er selbst davon ein Bewußtsein hat. Dem theoretischen Vermögen folgt dabei der praktische Trieb, der Einzelwille dem Einzelverstand, beide der Direction einer gemeinsamen, über dem Einzelnen stehenden Macht und Autorität entbehrend. Die eine wie die andere Wirkung hat für den Willen die Bedeutung, daß ihm dadurch die eigentlichen Lebenswurzeln abgeschnitten werden.

Wo kein Glaube, ist keine Hingebung und keine lebendige Vereinigung des nach seiner ursprünglichen Bestimmung Zusammengehörigen. Die geistigen Kräfte des Menschen bedürfen es, durch den Glauben in Einheit und übereinstimmender Wirksamkeit gehalten zu werden. Beseitigt man diesen Hauptfactor, so bleiben die Kräfte in ihrer Vereinzelung übrig, und sind auch so, und oft gerade deshalb, außerordentlicher Wirkungen fähig; aber Heil und Frieden, und was Segen und Bestand hat, bringen sie nicht hervor.

Das einzelne Menschenleben sowie die Geschichte ganzer Zeiträume und Völker bestätigt dies. Die Blüthezeit der Nationen auch des Altertums, wo Willens- und Thatkraft im ganzen Volk wie in Einzelnen sich bis zum Heroismus erhob und für große Ideen begeisterte, waren immer zugleich Zeiten der innern Einheit des Volks durch das Band der religiösen Treue und des Glaubens. Sobald diese sittliche Gesundheit durch Reflexion und Skepsis gestört zu werden anfängt und in religiösen Indifferentismus übergeht, erstirbt auch die Liebe und die Kraft des festen Zusammenhaltens, und die Zeit des Verfalls ist gekommen, mag auch ein Schein des Lebens und der Eintracht lange darüber täuschen.

Die Keime einer solchen Verderbnis lagen auch in der rationalistischen Gesinnung. Ihre sittliche

Theorie und die Forderung unbedingter Selbstverleugnung scheint ja allerdings zu anderen Ergebnissen führen zu müssen; und wie Viele meinten es doch auch aufrichtig mit der Maxime: Es kommt nicht darauf an, wie glücklich, sondern wie gut du bist. Allein was den Willen treibt, kann sich nicht verleugnen, ob es von der Erde oder vom Himmel ist: der isolirte Verstand ist zuletzt immer ein Egoist, und neben dieser stoischen Resignation sproßt aus derselben Wurzel der Eudämonismus, bei dem der Zweck des Handelns lediglich das eigene Wohlbefinden ist.

Der ernste Kant, der ein Damm sein konnte und lange wirklich war gegen die eudämonistische Aufklärerei, begrüßte auch seinerseits die pädagogischen Neuerungen Basedows mit Enthusiasmus. Eine begeisterte Bewegung dafür ging durch ganz Deutschland, der auch die Fürsten sich anschlossen. Das Geheimnis der Erziehung schien gefunden, die ein glückseliges Leben zur Folge haben und ein wahrhaft freies und willenskräftiges Geschlecht bilden müßte. Das Bedenken, welches schon die Persönlichkeit von Männern wie Basedow selbst und vollends Dr. Bahrdt hervorzurufen geeignet war, die an der Spitze sogenannter Philanthropine standen, wurde unterdrückt durch das Vertrauen auf die Methode: als ob das Wirksamste an der

Methode nicht der lebendige Mensch selbst in seiner sittlichen Einheit wäre.

Den ersten Stoß zu dieser Bewegung auf dem Gebiet der Pädagogik hatte bekanntlich J. J. Rousseau gegeben. Sein Emil erschien 1762. Das Philanthropinum in Dessau wurde 1774 eröffnet. Die französische Theorie wurde erst in Deutschland praktisch. Dieses pädagogische Evangelium von der Naturgemäßheit war einer von den kräftigen Irrtümern, die gesandt werden zu einer Versuchung. Die Regungen zum Widerstande waren nur schwach in der deutschen Pädagogik. Dem erwähnten Mangel an Pietät und an historischem Sinn jener Zeit sagte es zu, daß nun auf einmal das Gewordene und Bestehende sich überlebt haben sollte, alle geschichtliche Wahrheit der Naturwahrheit weichen, die erworbene Cultur und das geschichtlich Ueberlieferte preisgegeben werden müsse, und daß die Absolutheit der menschlichen Natur hinreiche, alles neu zu schaffen. Das Ziel ist eine abstracte Naturgemäßheit, und die empfohlene Verstandes- und Willensbildung ist nichts anderes als der Egoismus der Isolirung, in welcher die losgebundene Subjectivität die einzige Gesetzgeberin ist.

In diesen Ton stimmten die Philanthropisten ein: Rückkehr zur Natur aus Menschenliebe. Ihre Reden über das Heil, welches die neue Erziehungskunst der Welt gebracht, schildern die frühere Pädagogik als Unnatur und Barbarei, weil sie gesetzlichen Gehorsam und Arbeitsausdauer von der Jugend gefordert hatte. Sie versprachen, vermöge des neu entdeckten Princips der Menschenliebe auf einem andern Wege Willensfreiheit und Willensstärke zu erziehen; dieser Weg hieß Fröhlichkeit, Vergnügen am Unterricht und Befriedigung des Ehrtriebes; an die Stelle heilsamer Beschränkung trat encyklopädische Mannigfaltigkeit. Hatte die frühere harte Erziehungsweise oft erdrückende Anforderungen an den Willen gemacht, so ließ ihn die neue gar nicht zu Kraft und Spannung kommen. Das Lernen sollte von nun an durch die Erleichterungsmethoden zu Lust und Spiel werden, und doch war das Absehen auf die unmittelbar praktische Nutzbarkeit des Erlernten gerichtet.

Wer wollte leugnen, daß in Folge dieser Bestrebungen manches wirklich Veraltete und Verkehrte im Schulwesen abgethan, und daß bei vielen dieser Männer aufrichtige Menschenliebe vorhanden gewesen ist? Allein ihr fehlte das Licht und die Weihe des Evangeliums, das war sehr bald an ihren Früchten zu erkennen. Der Zug der Zeit war den Neuerungen aber entschieden günstig, und so wurde auch einer Kritik derselben wenig Aufmerksamkeit geschenkt, wie sie damals u. a. auch Herder, Schlözer, J. Möser, Kästner mit richtigem Blick dagegen übten.

Die philanthropischen Institute hatten jedoch eine schnell vorübergehende Existenz. Nur das zu Schnepfenthal, zehn Jahre nach dem Dessauer, eröffnet, erhielt sich und besteht noch. Es hatte die Gründe seiner Dauer in der Liebe und dem pädagogischen Verstande seines Stifters Salzmann, der einen selbständigeren Weg einschlug und vaterländischen Sinn bewahrte. Er wußte Fleiß, Ordnung und Fröhlichkeit unter seinen Zöglingen zu erhalten, und jeden Zuwachs der Kraft von der Uebung der Kraft abhängig zu machen. Dem poetischen Sinn der Jugend Nahrung zu geben scheute er sich. Seine „Verehrungen Gottes und Jesu", in Dessau und Schnepfenthal gehaltene Erbauungsreden, mahnen ernst und eindringlich zu edler Lebensauffassung und sittlicher Strenge gegen sich selbst, ohne sich über den moralischen Standpunct zu erheben, und ohne Sinn für kirchliche Gemeinschaft. In seinem Carl v. Carlsberg redet Salzmann sogar den Pietisten und Herrnhutern das Wort, nur weil sie sich von der Kirche abgewandt hatten.

Unter den zuerst bei dem Dessauer Philanthropinum Vereinigten ist Campe der fruchtbarste und tonangebende Schriftsteller. Ich bleibe bei der bekanntesten seiner Jugendschriften einen Augenblick stehen; es ist sein Robinson. Das demselben zu Grunde liegende englische Original von Daniel

Defoe war 1719 erschienen; die Campische Bearbeitung erschien zuerst 1780. J. J. Rousseau hatte auf den pädagogischen Werth des Buchs hingewiesen; es entsprach seinem Gedanken von der Rückkehr zur Natur, die in diesem Fall zugleich der Aufbau einer neuen Existenz war von den ersten Grundlagen an. Campe folgte den Anregungen Rousseau's, und seine Behandlungsweise ist im höchsten Grade charakteristisch für die pädagogische Zeitrichtung. Es ist ein Stoff von unerschöpflicher Poesie, deren Zauber jedes Kindesgemüth immer aufs neue ergreift. Diese Seite war für Campe Nebensache: auf den Nutzen und die Ausbildung des Verstandes kommt es ihm an: die Jugend soll außer gelegentlich vielen anderen Dingen, wie nützlichen Erfindungen, lernen, was ein Mensch, der ganz auf seine eigene Kraft angewiesen ist, durch Aufmerksamkeit und angespannten Willen vermag. Was aber bei dem englischen Autor schließlich als das Wesentlichste erscheint, daß der auf die einsame Insel Verschlagene durch die Noth beten lernt, und durch Lesen der heiligen Schrift zur Erkenntnis Gottes und derjenigen Kräfte gelangt, welche der heilige Geist in dem Menschenherzen zu erwecken vermag, das alles hat Campe ganz weggelassen. Bei den eingestreuten weisen Gesprächen, die unsere Kinder regelmäßig als höchst langweilig überschlagen, hat er noch den Zweck erreichen wollen, die Erregung der Phantasie zurückzudrängen. Bei der pietistischen Erziehung war in den Extremen auch eine unbeabsichtigte Reizung der Phantasie auf Kosten des Verstandes vorgekommen. Jetzt trat das Umgekehrte ein. Schon Semler erklärte sich gegen die Benutzung der Märchen bei der Beschäftigung mit Kindern, weil diese nicht mit abergläubischen Vorstellungen genährt werden dürften. Campe sagt: Wer Phantasie hat auf den kann man sich nicht verlassen, und gab dem Erfinder des Spinnrades den Vorzug vor dem Homer.

Die Jugenderziehung sollte nüchtern sein durch und durch, und sie wurde es; die im Gemüth sprudelnden Lebensquellen suchte man sorgfältig zu verstopfen, und ahnte nicht, wie man der Jugend damit die Fähigkeit zu kräftigem Aufschwung und zugleich eine der wirksamsten Erregungen der Willenskraft nahm. Was ist von einer Jugend zu erwarten, die ohne Liebe zur Poesie, ohne Begeisterung für ideale Lebensaufgaben heranwächst? Es war die Zeit, wo man die Fabel zur obersten poetischen Gattung machte, weil sie auf moralische Besserung abzielt. Also nicht aus Motiven eines höher gestimmten Gemüthslebens sollte die Jugend handeln lernen, sondern nach Verstandesregeln und nach „Grundsätzen“. Daher wird genaue Selbstbeobachtung eingeschärft, und die Kinder werden genöthigt, Tagebücher zu führen, in Jahren, wo die Reflexion auf sich selbst der ganzen Natur widerstrebt: eine moralische Buchführung, bei der ein frisches, fröhliches Wollen von ganzem Herzen und ganzer Seele nicht gedeihen kann.

Wie man dafür sorgte, daß der frühen Gesetztheit der Jugend und ihrem altklugen Wesen auch eine durch Anstandsregeln gebotene abgemessene Haltung u. s. w. entsprach, kann hier nicht weiter ausgeführt werden. Das ganze Thun und Lassen wurde durch eine Vielheit von Vorschriften in Ordnung gehalten, die einzelne Fehler zu vermeiden, einzelnes Gute zu thun bewirken, aber nicht den Eigenwillen brechen und den Keim einer edleren Lebensrichtung pflanzen konnte. Aus solcher Erziehung sind gar oft Männer hervorgegangen, bei denen abstracte Verstandesconsequenz das höchste Lebensgesetz war, und die jeden freieren Willensdrang der Tyrannei angelernter Grundsätze unterwarfen, nicht einer den Mittelpunct des Lebens bildenden göttlichen Grundwahrheit. Wie leicht geht dann die Consequenz des eigenen Verstandes und des eigenen Willens aus in Härte, Unnatur und Unvernunft! Es liegt bei diesem Standpunct sehr nahe, für den Werth der Willenskraft überhaupt den rechten Maßstab zu verlieren, so daß die Energie als solche Bewunderung findet, und der sittliche Gehalt des Strebens erst als das Zweite in Betracht kommt, oder ganz unbeachtet bleibt.

Der Rationalismus hat, wie gezeigt, viel nach Gottes Ordnung Zusammengehöriges getrennt. Das Ersterben des Glaubens an die Realität der Mächte, unter denen unser Leben steht, mußte fortschreitend einen isolirenden Subjectivismus hervorbringen, der in das Sophisma ausging, daß der einzelne Mensch, seine Ansicht und sein Belieben, das Maß der Dinge sei; die objective Wahrheit sollte nicht gelten, weil es an dem Willen der unbedingten Unterwerfung unter ihr Gesetz fehlte. Die Einseitigkeit der Reflexion störte nach und nach die Unbefangenheit gemeinsamer Sitte; und der schwächliche Glaube an einen allgütigen und allliebenden Vater im Himmel half auch seinerseits die sittliche Anspannung des Willens herabzustimmen. Die Interessen wurden immer enger und kleinlicher, die Zeit immer weniger schöpferisch; es war kein Boden mehr im geistigen Leben der Nation, wo ein grüner Baum wachsen konnte. Die exclusive Verstandesherrschaft und unkräftige Subjectivität hatten häufig als Ausgleichung die Sentimentalität zur Seite, ebenso wie die Aufklärung und Entfremdung vom Glauben den Trieb zum Geheimnisvollen und Abergläubischen mit sich führte.

Ueber das Alles sind dann Sturm- und Drangperioden hingebraust, welche auch in das geistige

Leben des deutschen Volks nach einer Zeit der Stagnation wieder frisches Leben und Bewegung brachten, so daß die weiten schweren Wasser des Rationalismus, mit denen die deutsche Erde bedeckt war, anfingen zu sinken, und hin und wieder eine Höhe sichtbar werden zu lassen. Ich muß es mir versagen, an dieser Stelle auf die großen Veränderungen näher einzugehen, welche in Deutschland seit dem Ende des vorigen Jahrhunderts im Staatsleben, in der Literatur und Philosophie unter verschiedenen Einwirkungen hervorgetreten sind.

Die Bewegung der sogenannten romantischen Zeit hat nur die Bedeutung einer Episode in dieser Entwickelung. Sie ahnte, worum es sich handelte, und daß nur von Einem das ganze Leben tragenden und durchdringenden Princip Kraft und Schönheit desselben zu hoffen sei, und daß dies Princip ein religiöses sein müsse. Diese Verkündigung und die unablässige Bestreitung des Rationalismus war eine Weckstimme für viele edle Gemüther. Dennoch war es leichter, die Geistlosigkeit des moralischen Rationalismus und die Philisterhaftigkeit der Aufklärung zu verspotten, als mittelalterliche Phantasien zu verwirklichen. Es fehlte diesen Bestrebungen zu sehr an evangelischem Ernst, als daß sie eine nachhaltige Wirkung hätten haben können.

Aehnlich hatte es sich mit dem ästhetischen

Idealismus verhalten; auch er hatte eine läuternde und erhebende Wirkung auf Viele ausgeübt und namentlich die Jugend wieder in ideale Regionen erhoben. Sie hat freilich den Rückweg aus denselben in die Wirklichkeit oft nicht wiedergefunden. Wie schon vorher an Perthes Beispiel gezeigt, konnte eine Lehre, nach welcher die Einwirkung des Guten wie des Wahren vom Schönen abhängig sein soll, eine sittliche Befreiung nicht herbeiführen. Die ästhetische Erziehung erwartete vergeblich von der schönen Seele, was nur der heilige Geist zu wirken vermag*). Sie kennt, ebenso wie die rationalistische Erziehung, die Sünde nicht, und damit auch die Erhebung aus Verzagtheit und Ohnmacht des Willens nicht, die in der Zuversicht liegt: ich glaube an eine Vergebung der Sünden.

Auf dem Gebiet der Erziehung und der wissenschaftlichen Bildung begegnen wir in derselben Zeit dem sogenannten Humanismus, der sich in siegreichen Widerstreit zu der oberflächlichen und nur auf die Nützlichkeit berechneten Vielwisserei der philanthropischen Richtung setzte, und die Würde eines an den großen Ideen des classischen Altertums harmonisch gebildeten, durch intensive Studien erleuchteten und erwärmten Lebens pries. Der Wirklichkeit und den in Staat und Kirche historisch

*) Jul. Müller, die Lehre von der Sünde. 3. Ausg. I, 96.

gegebenen Lebensformen wandte er seine Liebe nicht zu: die Sphäre des rein Menschlichen erschien heiterer und freier. Für das specifisch Christliche fehlte inneres Bedürfniß und ein Anknüpfungspunct; das Christentum war nichts als eine historische Erscheinung, deren Interesse sich in rein objectiver Beschäftigung damit erschöpfte. Daher konnte es geschehen, daß der Humanismus in eine vornehme Exclusivität der Gelehrsamkeit und in die stolze Selbstgerechtigkeit der Intelligenz ausartete; und auf diese Weise ging der beste Theil der Wirkungen wieder verloren, welche die begeisterte Hingebung an edle Gegenstände wissenschaftlicher Forschung und die freie Selbstbeschränkung darin auf die sittliche Kraft und die Charakterbildung der Jugend lange gehabt hat.

Der allgemeineren Volksbildung kamen die pädagogischen Reformen Pestalozzi's zu Gute, in derselben Richtung gegen die Künstlichkeiten der Philanthropisten. Ihn jammerte des Volks, und wahrhafte Liebe zu den Kindern und den Armen war die Seele seines rastlosen Suchens nach einer naturgemäßen Auferziehung. Er ist dabei selbst auf mancherlei Irrwege gerathen, und in der Schätzung von Christentum und Kirche erhob er sich, bei aller Innigkeit des Gemüths, nicht über die allgemeine Bildung der Zeit; ebenso verkannte er den Werth der geschichtlich gegebenen Menschenverbindungen, also des besonderen Vaterlandes. Aber alles was er that ging von dem Geiste der Selbstverleugnung aus, und das Ziel seiner Pädagogik war recht eigentlich Bildung des einem Jeden verliehenen individuellen Vermögens zu bewußter Willenskraft. Darum wies Fichte auf ihn wie auf einen Retter hin. Es war die Zeit tiefer Demüthigung des deutschen Volks, und der Philosoph sprach es aus, daß allein die Erziehung es sei, die Befreiung schaffen könne von allen drückenden Uebeln, von Selbstsucht, Verzagtheit und „Willenlosigkeit"; die Kunst der Erziehung hat nach ihm keine andere Aufgabe als einen festen und unfehlbaren guten Willen im Menschen zu bilden. Es war wiederum eine Zeit weitverbreiteter pädagogischer Begeisterung in Deutschland, und ihr Mittelpunct Pestalozzi. Aber wenn man nun sieht, wie derselbe Fichte auf der Höhe seines Idealismus den unbefangenen Blick für die Wirklichkeit der menschlichen Verhältnisse verliert, wie er dann, nicht anders als J. J. Rousseau, auch nur in der Isolirung der Kinder das Heil findet, und daß bei dieser ganzen Pädagogik wiederum der Factor des Glaubens fast ganz außer Berechnung bleibt, oder in der Abwendung von der bestimmten geoffenbarten Religion sich in der Unbestimmtheit eines allgemeinen Religionsbegriffs verliert, so verschwindet alle Hoffnung, daß auf diesem Wege ein gesundes, willenskräftiges Volksleben erreicht werden könne.

Dennoch erschien in derselben Zeit, der Zeit der Befreiungskriege, die Morgenröthe eines schönen, helleren Tages am Himmel. In der Schule der Leiden hatte man wieder auf Gottes Wort merken gelernt, die Liebe zum Vaterlande erschloß und verband die Herzen, und sofort, als diese Quellen aufgethan waren, war Aufopferungsfähigkeit, fröhlicher Muth und männliche Entschlossenheit da; seit den Zeiten der Reformation hatte nichts in demselben Grade eine nationale Einmüthigkeit in Deutschland hervorzubringen vermocht. Um diese Stimmung jener Zeit, die Wiederkehr des in der Aufklärungsperiode fast verschwundenen vaterländischen und kirchlichen Sinnes, lebendiger zu bezeichnen, erinnere ich hier nur an die Lieder von Max von Schenkendorf: in ihnen lebt alles, was jene Zeit bewegte und erhob. Welche Vereinigung von Treue gegen das himmlische und irdische Vaterland mit allen seinen heiligen und herrlichen Gütern! Aber warum muß er wie ein Fremdling unter unseren Dichtern stehen? — Dem Dichter wollen wir den heldenmüthigen Staatsmann derselben Zeit zugesellen, den deutschen Freiherrn von Stein. Worauf ruhete die Energie seines Charakters und die Kraft seiner Selbstverleugnung, worauf das Vertrauen und die Beharrlichkeit der hochherzigen Politik, womit er half, die vaterländischen Zustände aus tiefer Versunkenheit emporzuheben? Es war nichts anderes, als die Glaubenstreue eines im Worte Gottes gegründeten und in der Liebe zu Jesu Christo befestigten Herzens, und damit verbunden die lauterste Vaterlandsliebe. Nur den dem Gesetze Gottes unterthänigen Willen hielt er der rechten Tapferkeit fähig, und bei der Auferziehung der Jugend galt ihm die Pflege der Triebe, auf denen die Kraft und Würde des Menschen ruhe, Liebe zu Gott und zum Vaterlande, und somit die Stärkung des Willens auf religiösem und patriotischem Grunde, für die oberste Aufgabe. Religion und Vaterlandsliebe, sagt er, sind die einzigen nicht zu erschütternden Träger des Charakters.

Auf die Morgenröthe folgte doch kein sonniger Tag; er verdunkelte sich bald von neuem, die mächtig angeregte religiöse Empfänglichkeit fand bei der unvermerkt geschehenen kirchlichen Auflösung und daher rührendem Mangel organischer Ordnungen der evangelischen Kirche keine Gelegenheit sich zu gestalten, und so verflog sie in ihrer Vereinzelung bei Vielen oder ging in Mißbildung über. So konnte, und die viel behauptete Berechtigung des individuellen Gefühls half dazu, die rationalistische Denkweise mit ihrer zersetzenden Gewalt sich nach und nach eines großen Teils ihrer vorigen Herrschaft wieder bemächtigen, und die Liebe zu den großen gemeinsamen Gütern, die Wärme des kirchlichen, wie des deutschen Patriotismus, fing wieder an zu erkalten, oder verzehrte sich in vereinzelten und unfruchtbaren Bestrebungen.

Blicken wir zum Schluß noch einmal auf den zurückgelegten Weg, so ergeben sich hauptsächlich folgende Wahrnehmungen. Noch zur Zeit des Pietismus und des ersten Rationalismus war die Tradition der von den Vätern überkommenen christlichen und kirchlichen Sitte lebendig geblieben; die Sitte hatte sich im Volk lange noch als eine Art stummes Bekenntnis erhalten: dies Erbe war nunmehr aufgezehrt. Ferner: eine kirchliche Auferziehung hatte die Jugend weder im Pietismus noch im Rationalismus erhalten, das Bewußtsein der gliedlichen Zugehörigkeit zur Gemeinschaft der Kirche war allmählich verdunkelt oder erstorben, und die Stelle hatte ein maßloser Anspruch subjectiver Berechtigung eingenommen: im Begriff des Protestantismus aber war die Negation vorherrschend geworden; die einseitige intellectuelle und von der Wirklichkeit des Lebens abgewandte Bildung hatte mehr Geist als männliche Tüchtigkeit, mehr politische Abstraction als vaterländischen Sinn erzeugt.

Was hatte Deutschland, das Land der Pädagogik, mit seinem Ernst und seiner Liebe für diese große Aufgabe, unter diesen Umständen erreicht? Standen die Erfolge in Verhältnis zu den aufgewandten Kräften und Mitteln, hatten sie ein glücklicheres Geschlecht und Menschen eines festen, guten, Gott wohlgefälligen Willens geschaffen? Oder erschienen nicht vielmehr alle pädagogischen Bestrebungen im Großen und Ganzen doch ohnmächtig gegen die heimliche Gewalt der Zerstörung, welcher das Gemeinschaftsleben preisgegeben worden war? Und keine der erwähnten Richtungen, die teils nach einander vorherrschend gewesen waren, teils neben einander bestanden und sich bestritten hatten, war inzwischen völlig beseitigt worden: ihre Reste und Nachwirkungen umgeben auch uns noch, und gerade diese Vermischung, die von den himmelweit verschiedenen Grundanschauungen herrührende Sprachverwirrung, der Mangel einer bestimmten Richtung und eines ausgesprochenen Charakters gehört zur Signatur der Zeit, und läßt uns ihre Aufgabe erkennen, wenn anders das nachfolgende Geschlecht sich aus der Geschichte des vorangegangenen eine Lehre zu nehmen vermag. Gelingt es nicht etwas Besseres an die Stelle zu setzen, so drängt sich das, was überwunden schien, mit neuer Stärke wieder hervor.

Aber schon lebt das Gefühl, daß der Anbruch einer neuen Zeit vorhanden sei, als Hoffnung auf ein Kommen des Reiches Gottes in Vieler Herzen. Der seit hundert Jahren gemachte Versuch, ohne das Christentum fertig zu werden, die Sittlichkeit auf Naturforderungen, Erkenntnis und Uebereinkunft zu gründen, wird als mißlungen angesehen; die Ueberzeugung ist vorhanden, der Pflug müsse tiefer gesetzt und „ein Neues gepflügt" werden.

Der durch Gottes Gnade neu erweckte christliche Sinn steht in Zusammenhang ebensowohl mit den Anregungen, welche die Zeit der Befreiungskriege und neuere Zeitereignisse mit sich geführt haben, wie er andrerseits auch auf Schleiermacher zurückweist, und auf die Kräfte eines Gott geweiheten Lebens, welche in der Brüdergemeinde und in einzelnen über Deutschland zerstreuten kleinen Kreisen der Stillen im Lande wie durch einen langen harten Winter hin geborgen und behütet worden sind. Um das Verhärtete und Erstarrte dringt die neue Vegetation empor und breitet sich mit frischem Leben darüber aus. Nicht nur die Achtung vor dem Heiligen, sondern das Fragen nach Gott und dem Heil in Jesu Christo mehrt sich, und einzelne Bestrebungen haben deutlich die Richtung auf das Ursprüngliche der reformatorischen Zeit: das Bekenntnis, das liturgische Element des Gottesdienstes, die Rückkehr zu den alten Liedertexten, die Auferziehung der Jugend an der Bibel und am Katechismus und anderes mehr geht auf den Bau der Kirche aus, die Vielen kein verflüchtigtes Abstractum mehr ist. Dazu kommt die Wiederaufnahme christlicher Sitte auch in den Häusern; die Thätigkeit der äußeren wie der inneren Mission und die zahlreichen Veranstaltungen christlicher Nächstenliebe sind zu gleicher Zeit ein Beweis, daß das Bekenntnis des Glaubens sich nicht wieder einseitig auf das Wort beschränken will. Der Frage für mich oder wider mich? sich zu entziehen ist schwerer geworden; und wo es geschieht, birgt sich häufiger als sonst unter dem Schein des Indifferentismus wirkliche Feindschaft, die auch ihrerseits dafür zeugt, daß neue Mächte auf dem Plan sind. Allein der Hinblick auf den eigentlichen Gegenstand unserer Betrachtung muß wohl hindern, solchen Hoffnungsbildern zu lebhafte Farben zu geben.

Es muß sich noch zeigen, ob die Angeregtheit des christlichen Sinnes die getrennten Glieder wieder zusammenschließen und zu einer Einheit des Widerstandes gegen die Zerfahrenheit der Zeit zu stärken vermag, und ob sie überhaupt ein Wiederaufleben des Sinnes für starke Gemeinschaft und corporative Vereinigung im kirchlichen und Staatsleben mit sich führt, damit Subjectivismus und Parteisucht aufhöre, die Geister zu trennen und die Kräfte zu zersplittern. Es liegt für die sittliche Kraft jeder

Zeit eine Probe in der Frage: was verbindet die Menschen, und worin halten sie zusammen?

Irren wir nicht, so gehen die sittlichen Anschauungen bei der Mehrzahl noch vom Standpunct des Einzelwesens aus, und über den Begriff evangelischer Freiheit ist noch eine grenzenlose Verwirrung verbreitet. Demgemäß ist das christliche Leben von antinomistischen Tendenzen durchzogen; die Einseitigkeit des Rationalismus, sich nur an das menschliche Muster Christi zu halten, ist aufgegeben: wir wollen ihn ganz als göttliche Kraft und göttliche Wahrheit in uns, und glauben damit weit über das hinausgekommen zu sein, was dem kategorischen Imperativ möglich war; aber wird nicht vielfach in Bezug auf die Unterordnung unter Gesetz und unter Pflichten, die eine bestimmte Begrenzung fordern, und besonders auf treues Halten zu gemeinsamen Zwecken, ein Zurückbleiben wahrgenommen hinter dem, wozu der kategorische Imperativ die edleren, rein und redlich wollenden Geister fähig machte? Unsere Zeit hat von der rationalistischen nicht blos eine negative Lehre zu entnehmen. — Nicht weniger ist andrerseits das richtige Verhältnis des neu erwachten christlichen Glaubenslebens zur Wissenschaft noch ein Gegenstand der Hoffnung.

Und das alles geht unmittelbar auch das heranwachsende Geschlecht an. Die Aufgabe ist auch hier schwieriger geworden. Vor den Fortschritten des menschlichen Erfindungsgeistes, der Industrie, der literarischen Mitteilung, und unter der Einwirkung lebhafter politischer Bestrebungen, sind die Schranken zwischen den Völkern mehr und mehr verschwunden, so daß die Treue gegen das einem jeden Eigentümliche immer schwerer zu bewahren ist. Die Wirkungen davon dringen aus dem öffentlichen Leben in Schule und Haus ein und erschweren die sittliche Concentration. Dazu hat der Verfall der größeren Gemeinschaften mit Notwendigkeit auch den der kleineren nach sich gezogen. Es genügt, an die falsche Liberalität der Familienerziehung zu erinnern, und daran, daß auch die Pädagogik noch nicht gelernt hat, den Zögling anders denn als Einzelwesen zu betrachten, und daß sie ihn zum Ganzen zu streben am wenigsten anleitet. Die heutige Jugend wird früh von der vorherrschenden Negativität des Urteils angesteckt, das nicht von der Achtung vor dem Ganzen und vor der Idee ausgeht, sondern immer am Einzelnen haftet: so daß auch hiedurch die Pietät, sich einem Ganzen und Allgemeinen, einer Autorität von bindendem Gehalt, hinzugeben und mit Willigkeit unterzuordnen, wozu die Jugend von Natur geneigt ist, zurückgedrängt werden muß.

Im Hinblick auf alles dies und auf die ganze Unruhe der modernen Zeit, auf die verwirrende

Mannigfaltigkeit der Bildungselemente, auf den zerstreuenden und erschlaffenden Einfluß, den z. B. schon die Teilnahme an der literarisch-ästhetischen Zeitbildung hat, wird man der Frage nach der Willensbildung, d. h. der Erziehung zu einer Kraft des Widerstandes, zur Festigkeit im Behaupten eines unverrückbaren Mittelpuncts für alle Bestrebungen, die größte Bedeutung zuschreiben müssen. Denn, wie Dr. Luther sagt: „es ist eine ernste und große Sache, da Christo und aller Welt viel an liegt, daß wir dem jungen Volk helfen und rathen; damit ist denn auch uns allen geholfen und gerathen.“ Wozu ihr aber geholfen werden muß, das ist nichts anderes, als daß sie ein williges Herz für die Wahrheit habe*).

Die sogenannte harmonische Ausbildung aller Kräfte, so daß keine zurückbleibt, hat etwas leer Ideales für die Wirklichkeit; aber möglich und nöthig ist, daß keine wesentliche Function der Seele vernachlässigt werde, und Wille gehört zu ihren

---

*) S. auch Claudius Wandsb. B. im sechsten Brief vom Gewissen: „Nur im Willen ist Rath, sonst nirgends. — Wenn der Mensch das hat, daß er in Wahrheit sagen kann: ich will mir selbst nicht leben; ich hätte gern das Hohe und Gute; wenn mir das aber nicht beschieden ist, das Niedrige und Böse will ich nicht, Knecht will ich nicht sein —, wenn der Mensch das zu jeder Zeit mit Wahrheit sagen kann, so ist er dem guten Gewissen nahe.“

Grundkräften. Die Erziehung ist in unzähligen Fällen noch immer nichts als ein Unterricht, der in der Mitteilung vereinzelter Kenntnisse besteht, und neben dem Verstand und dem Gedächtnis erfährt der Wille und das Gemüth in der Regel die geringste Aufmerksamkeit, wodurch auch die Wirkung des Unterrichts mehr als man meint beeinträchtigt wird.

Die einseitig theoretische Richtung der Jugenderziehung wird erst dann aufgegeben werden, wenn die Pädagogik tiefer in der Psychologie wurzelt, in dem Sinne, daß der Lehrer selber lernt, wessen die menschliche Seele vor allem bedarf um einer kräftigen Wirkung fähig zu werden. Die elementare Hülfe, welche dabei die Gewöhnung an Fleiß und Aufmerksamkeit, an Gehorsam und feste Ordnung leistet, ist ja von unschätzbarem Werth: die darin liegende Zucht kann den Willen bändigen; aber sie befreit und heiligt ihn nicht und bringt keine Freudigkeit des Thuns hervor. Und doch ist es dies worauf alles ankommt: Befreiung und Erweiterung des Ich aus der Enge natürlicher Gebundenheit zur Bethätigung selbständiger Geisteskraft, zur Fähigkeit der Hingebung in den Dienst großer und göttlicher Gedanken. Aber wie soll dies erreicht werden, wenn die Einförmigkeit der Regel und die Gewohnheit mechanischer Arbeit die Herrschaft hat, und der Jugend kein Raum gelassen wird, sich mit Liebe und freier Neigung einem Gegenstande zuzuwenden; und wie soll sie, statt früh in passive, willenlose Neutralität zu versinken, mit Begeisterung Partei nehmen für die höchsten Lebensgüter, wenn sie dieselben und ihren Anteil an ihnen nicht kennen und lieben gelernt hat? Erweckt Liebe, so regen sich alle Kräfte der jugendlichen Seele, und zeigen euch, was sie vermögen und wessen sie bedürfen.

Es ist an der Zeit, daß die Pädagogik dies erkenne, daß sie sich erinnere, sie habe es mit dem ganzen Menschen zu thun, und dabei wiederum mehr der Größe und Verantwortlichkeit des Gottesgeschenks eingedenk werde, das auch die Jugend am freien Willen hat. Erzogen werden kann er nur, wenn auch er als ein Samenkorn angesehen wird, das keine Frucht bringt, es sterbe denn, welches geschieht in dem Glauben, der allewege spricht: HErr, nicht mein, sondern Dein Wille geschehe.

Anhang (s. S. 3).

— „Wenn der Titel „eine historische Betrachtung, zur Geschichte der deutschen Pädagogik“ dies Heft leicht als nur für Schulmänner von Fach bestimmt erscheinen lassen könnte, so halten wir es für eine Pflicht, dasselbe auch in weiteren Kreisen allen unseren Lesern zur Beherzigung dringend zu empfehlen. Denn wer von uns ist nicht mitberufen zu dem großen Werke der Erziehung — und hätte er auch nur sich selbst zu erziehen? Und wer von uns hätte die Mängel und Schäden der modernen Zeit etwa nur an Anderen entdeckt, nicht auch an sich selber? Ihnen entgegenzuwirken, zunächst in sich selbst und sodann auch in Anderen, ist auf irgend eine Weise Jeder berufen, sei es durch Leben oder Lehre, durch Beispiel oder Zucht. Am dringendsten freilich möchten wir diesen Vortrag Vätern und Müttern empfehlen, und Allen, die auf die Bildung des Familienlebens Einfluß haben; denn in der Familie muß, wie der Verfasser mit Recht bemerkt, die Bildung des Willens beginnen, wie in ihr die erste praktische Lösung des Wechselverhältnisses zwischen Persönlichkeit und Gemeinschaft, Gehorsam und Freiheit liegt — eine Lösung, deren tiefste Begründung und höchste Erfüllung das Christentum in der Kirche giebt.

Die Bildung des Willens — ja, daß ein Menschenherz fest werde! Ein berühmter Staatsmann (der Herzog von Broglie) hat einmal auf der französischen Rednerbühne gesagt: „Das Schwerste von allen Dingen ist, zu wollen was man will.“ Das gilt auf allen Gebieten des Lebens, auf dem materiellen, der irdischen Thätigkeit zugewendeten so gut wie auf dem sittlichen und religiösen Gebiet. Und wer auf irgend einem Felde, in irgend einem Fache menschlichen Thuns groß geworden ist, ist es nur durch angestrengte, feste, unverrückt auf Ein Ziel gerichtete Willenskraft. Hieher gehört auch das Wort Goethe's, daß zu einem großen Künstler eben so viel Charakter als Talent gehöre. Und in gewissem Sinne, und in irgend einer Weise sollen wir Alle wie Erzieher so auch Künstler sein. Irgend etwas sollen wir Alle können — und vor allem sollen wir Alle können auf dem sittlichen Gebiete. Da erst recht hilft das Wissen nichts, sondern nur das Können d. h. das Thun.

Wenn der Apostel sagt: „Wollen habe ich wohl, aber Vollbringen des Guten finde ich nicht“ — was meint er da mit jenem Wollen anderes als eben das unkräftige Wollen, das nicht recht will was es will? Und das ist eben die Wiedergeburt und Erneuerung des menschlichen Herzens, daß durch den Einfluß des heiligen Geistes, durch das Einwohnen des göttlichen Willens der menschliche Wille zu der Kraft erhoben werde, die ihm von Natur fehlt. Daß so der Wille Gottes in ihm lebendig werde, das kann sich freilich Niemand selbst geben; wir wissen, daß das neue Leben von oben kommt. Aber wo der Keim gepflanzt ist, muß er gepflegt, wenn das Leben entsprungen, muß es erzogen, wenn der Wille da ist, muß er geübt werden. Denn alles Können muß gelernt werden, so auch das sittliche Können. Es giebt auch auf dem sittlichen Gebiet Talente — wer, der mit Kindern, oder auch nur mit sich selbst zu thun gehabt hat, wird leugnen, daß es individuell verschiedene sittliche Anlagen giebt? daß die Erbsünde sowohl wie der in dem Menschen auch nach dem Fall zurückgebliebene Keim der Ebenbildlichkeit Gottes in angeborenen Neigungen zum Guten wie zum Bösen in Anderen anders sich gestaltet? es giebt Menschen, die ein natürliches Talent zum Guten haben; und wie gern verweilt unser Auge auf solchen liebenswürdigen Erscheinungen! Es giebt Andere, die recht eigentlich Talent zum Bösen zu haben scheinen, — und wir wenden uns oft mit mehr Abscheu als Mitleid von ihnen ab, statt daß wir bedenken sollten, daß hier, in der Behandlung dieser verschiedenen sittlichen Talente, das eigentliche Gebiet der Erziehung liegt. Diese nun darf vor allem nicht vergessen, das hinter und über beiden Erscheinungen ein Tieferes und Höheres liegt: das ist der Wille, der freie Wille, der dies Böse zu überwinden, jenes Gute erst zum Guten zu machen fähig ist. Eine Erziehung, die nur jenes natürliche Talent, jene Neigung zum Guten auszubilden, jene böse Neigung nur in ihren einzelnen Ausbrüchen zu bekämpfen oder durch entgegengesetzte Motive zurückzuhalten strebt, ist keine Erziehung; nur diejenige verdient diesen Namen, welche sich an jenen innersten Kern des menschlichen Lebens wendet, schon das Kind zum Bewußtsein desselben führt, und es lehrt, diesen Willen zu gebrauchen. —

Es ist der Vorzug einer neueren christlichen Philosophie, daß sie an die Spitze und den Anfang ihres Systems nicht mehr das Sein, nicht mehr das Denken, sondern den Willen gestellt hat — dasselbe bezeichnet unser Verfasser auch als die Aufgabe der Pädagogik.

Er mißt in seiner, nur die Resultate gebenden, aber auf tiefem Studium begründeten Uebersicht der pädagogischen Methoden seit der Reformation den Werth aller dieser Methoden an dem Ergebnis, das sie für die Erfüllung dieser höchsten Aufgabe liefern.

Er läßt sich dabei mit Recht weniger auf die specielle Methodik ein, als vielmehr auf das derselben jedesmal zu Grunde liegende Princip, und zeigt den innern Zusammenhang desselben mit der Strömung und der ganzen Signatur der Zeit. Dieser Beitrag zur Geschichte der Pädagogik ist ebenso anziehend als lehrreich; es ist zugleich ein bedeutsamer Beitrag zur innern Geschichte der letzten Jahrhunderte überhaupt; denn in ihrer Art und Weise der Erziehung spricht jede Zeit ihren Charakter deutlich aus, — wie man die Eltern in der Erziehung der Kinder erkennt. Es ist allerdings eine Geschichte von Verirrungen, aber nicht nur von Verirrungen, denn das ist besonders erfreulich in der Darstellung des Verfassers, daß er in jeder Richtung den zu Grunde liegenden Keim von Wahrheit aufsucht und anerkennt, indem er zugleich zeigt, wie und wo derselbe durch Einseitigkeit, Unklarheit und Schlimmeres verkehrt und verderbt wird. Es ist eine historische Betrachtungsweise, wie sie Steffens in den zu wenig gekannten Caricaturen des Heiligsten anwendet.

Aber es ist nicht bloß eine historische Betrachtung, die wir vor uns haben; es ist dem Verfasser vielmehr um die Ergebnisse, um die Frucht daraus zu thun. Er hofft, daß unsere Zeit berufen sei, jene, noch immer nur selten ganz erkannte und gewürdigte Aufgabe der Erziehung zu lösen, und zwar in der deutschen Erziehung zu lösen.

Er hat in einem früheren Buche, den „Deutschen Briefen über englische Erziehung“, welche den meisten unserer Leser nicht unbekannt sein dürften, als einen Unterschied der englischen und der deutschen Erziehung bezeichnet, daß letztere zu oft mehr auf das Wissen, erstere mehr auf das Können gehe. So fordert der Engländer selbst auch von den Frauen, bei denen wir so gern dem schönen Gefühl vertrauen, daß sie nicht aus Gefühl (impulse), sondern aus Ueberzeugung oder

Grundsatz (principle — nicht etwa Maxime!) handeln sollen.

Was hierin wirklich Gutes und Rechtes liegt, das beruhet, wie in jenem Buche mit überzeugender Klarheit dargestellt ist, auf nationalem Grunde. Es beruht darauf, daß durch eine günstige Führung der göttlichen Vorsehung und die eigentümliche Gestaltung der englischen Zustände in Staat und Kirche, die beiden Elemente, welche auch in dem vorliegenden Vortrage als die wesentlichen Factoren der Bildung des Willens bezeichnet werden, mehr als anderswo erhalten sind: nämlich die selbständige Persönlichkeit und die Gemeinschaft — letztere im Staat und in der Kirche. Mit Recht legt der Verfasser auf die erziehende und willenbildende Kraft dieser Gemeinschaft ein großes Gewicht, und er erklärt die Verirrungen, von welchen selbst die christlich-evangelische Pädagogik in Deutschland nicht freigeblieben, z. B. im Pietismus, hauptsächlich aus dem Mangel dieser Gemeinschaft, in welcher der Einzelne erst wahrhaft frei, ja erst wahrhaft Person wird. Den Anfang dieser befreienden Herstellung der Persönlichkeit in der Gemeinschaft, und also den Anfang der Erziehung, bildet die Familie; die Vollendung der Staat und die Kirche. Daß uns in Deutschland beide einmal fast abhanden gekommen waren, wer will das leugnen? —

Wenn nun der Verfasser doch von der deutschen Pädagogik die rechte Lösung der Aufgabe der Erziehung erwartet, so ist es, weil er die Ueberzeugung hat, daß diese Gemeinschaft aus ihrem tiefsten Grunde heraus in Deutschland sich wieder zu gestalten im Begriff stehe. Wir haben die Aeußerlichkeit der Kirche nothgedrungen abgeworfen, die in England zu vielfachem Segen erhalten worden ist; um so tiefer empfinden wir das Bedürfnis, sie aus der nicht verloren gegangenen Innerlichkeit des Glaubens heraus wieder ins Leben zu führen. Wir haben von den Verirrungen der Subjectivität, die sich an die Stelle der freien

Persönlichkeit setzt, wohl glänzendere Beispiele aufzuweisen, als irgend ein anderes Volk; wir haben in Gefühl und Phantasie geschwelgt, — bis wir davor erschrocken sind und fast bereit waren, uns im Gegensatz in den ärgsten Realismus und selbst Materialismus zu stürzen. Aber wir sind Deutsche geblieben: das heißt, die Wahrheit ist uns ein Bedürfnis des Herzens, nicht nur des Verstandes, und das Können und Thun ist uns nur in so weit etwas werth, als es aus dem Herzen kommt. Wir haben genugsam herumgeprobt an allerlei Methoden, den Willen für sich abgesondert zu bilden, — an scheinbar christlichen und offenbar heidnischen oder nur menschlich-natürlichen Methoden. Aber es war ein deutsches Wort, das christliche Wort Luthers: der Glaube sei der lebendige Wille in uns. Auf diesen Glauben, der zugleich personbildend und gemeinschaftbildend ist, weiset der Verfasser überall hin. Und weil er auch in der praktischen Ausführung nie den Zusammenhang mit diesem obersten, innerlichsten Princip verliert, weil ihm der göttliche Lebenskeim des neuen Herzens immer und überall als das allein Lebendige und Wirksame gegenwärtig bleibt: so gestaltet sich ihm von da aus die Bildung des Willens, nicht als eine abstracte Methode oder ein System, sondern als eine den ganzen Menschen in seinem tiefsten Innern, wie in all' seiner Thätigkeit lebendig anfassende Wirksamkeit. Dieses, von aller Engherzigkeit und allem Formalismus freie Glaubensleben durchzieht den ganzen Vortrag mit einer erquickenden Wärme, und macht, daß wir, neben unzähligen praktischen Fingerzeigen für den Erzieher, wie für den Arbeiter an sich selbst, vor allem daraus die innere Anregung und Belebung schöpfen können, welche alle diese Fingerzeige erst praktisch macht."

(Neue Preuß. Ztg. N. 105. 1857).

Zeitfracht Medien GmbH
Ferdinand-Jühlke-Straße 7
99095 Erfurt, Deutschland
produktsicherheit@kolibri360.de